EXTRÊME TRAINING

EXTRÊME TRAINING

REPOUSSEZ VOS LIMITES

Chris McNab

L'imprévu

72, rue de Rochechouart
75009 Paris

Réalisation : InTexte Édition, Toulouse
Traduction de l'anglais : Chantal Mitjaville

74–77 White Lion Street
Londres, N1 9PF
Royaume-Uni
www.amberbooks.co.uk

Directeur de projet : Michael Spilling
Design : MRM Graphics
Iconographie : Terry Forshaw
Illustrations : Tony Randell

ISBN : 979-10-295-0340-5

Dépôt légal : 1er semestre 2016

Imprimé en Roumanie

Crédits photographiques : toutes les photographies sont la propriété du département de la Défense américain.

AVERTISSEMENT

Ce livre a un caractère purement informatif. Le lecteur doit s'informer de la législation en vigueur dans son pays de résidence avant de se livrer à la pratique de l'une ou l'autre des techniques décrites dans ce livre. Ni l'auteur ni l'éditeur ne sauraient être tenus pour responsables de toute perte, blessure ou dommage résultant de l'utilisation de techniques de conditionnement physique décrites dans ce livre, ni de poursuites ou procédures engagées ou initiées contre toute personne ou organismes suite à l'utilisation de ces techniques.

SOMMAIRE

INTRODUCTION

Je suis arrivé assez tard dans le monde des épreuves d'endurance. Après m'être longtemps investi dans les arts martiaux et la compétition, au tournant de la trentaine, je commençais à souffrir d'une baisse de forme, typique à cette période de la vie, lorsque s'accentuent les pressions professionnelles et familiales. L'énergie de ma jeunesse s'étiolait, mais le désir de rester en forme n'en était pas moins vivace.

Vers mes 35 ans, après avoir essuyé quelques petits problèmes de santé, je réalisai n'avoir aucune

Un entraînement de style militaire pour développer la condition physique, y compris la coordination, comme l'exige cette course à obstacles.

excuse pour mener une vie aussi paresseuse. Je décidai de me lancer sérieusement dans la course à pied. Et parce que je vivais au pays de Galles, une des régions les plus vallonnées du Royaume-Uni, je m'apprêtais logiquement à devenir un coureur de trail.

Je débutai modestement, par des courses de moins de 5 km, me forçant à gravir une petite montagne à 2,5 km de chez moi. Peu à peu, j'allongeai cette distance et ne tardai pas à m'attaquer à de nouveaux sommets. À ma grande surprise, j'étais devenu « accro ». Fort d'une nouvelle énergie, je ressentais cette euphorie de la conquête de sommets et distances, hors de portée quelques semaines plus tôt. Assez vite, je comptai mes courses en heures et non plus en minutes, gravissai des pentes aux limites de l'ascension et sillonnai la campagne galloise. Ce regain

Ciblant un développement physique complet, les techniques d'entraînement militaires seront très efficaces pour accroître le niveau de forme physique.

d'énergie m'incita à pratiquer d'autres activités, dont la musculation et l'entraînement en circuit. À 40 ans, je me sentais plus en forme que jamais.

L'armée m'inspira particulièrement. Spécialiste de l'histoire militaire et sportif passionné, j'ai toujours été admiratif des exploits accomplis par les soldats à l'entraînement ou sur le terrain. Si j'avale les kilomètres en montagne, les soldats font de même, mais ils sont lestés de leur paquetage

Les programmes de sélection militaire exigent de l'endurance aérobie, encouragée par la pratique de courses longue distance.

et de leurs armes. Dans les forces spéciales, les programmes de sélection et d'entraînement pousseraient à l'abandon bien des athlètes professionnels, avec leurs tests d'aptitude physique et mentale aux limites de la destruction. De plus, les militaires ont acquis au fils des ans une véritable expertise dans l'art de conduire un individu au maximum de son potentiel physique. Les armées gèrent en effet les plus ambitieux des programmes de conditionnement physique au monde, menant chaque année des milliers d'hommes et de femmes à un niveau de performance hors du commun. Ces programmes ont inspiré l'apparition de nouvelles méthodes de conditionnement physique extrême.

Ce livre a pour objectif de nous aider à développer et repousser nos limites par la pratique de disciplines sportives variées. Les conseils ciblent autant le physique (en se basant sur les dernières recherches en la matière et les avis de spécialistes) que le mental, car une condition physique optimale exige autant de force mentale que d'énergie pure. À chaque étape sont intégrées leçons et expertise militaires, notamment celles des forces spéciales, qui comptent dans leurs rangs des athlètes d'une exceptionnelle endurance. En adoptant cette approche, les athlètes civils découvriront de nouvelles voies où exceller et l'opportunité de défis jusqu'alors hors de portée.

Meal
Ready-to-Eat, Individual

Préparation physique

Atteindre le niveau de condition physique d'un soldat d'élite n'a rien d'une sinécure. Avant de se lancer dans un programme de conditionnement physique extrême, il est essentiel de juger honnêtement de ses capacités.

Développer une condition physique optimale est un objectif louable en soi, mais qu'il convient d'aborder en respectant certaines précautions. Les raccourcis sont interdits. Pas de recours à la chimie, à la technologie ou à des techniques qui boosteraient votre condition physique en quelques semaines seulement. Comme nous le verrons, des programmes d'entraînement peuvent stimuler le développement physique, mais tous exigent discipline et patience pour apprécier leurs bienfaits à long terme.

Avant de vous embarquer dans un programme de conditionnement physique extrême, commencez par dresser un état des lieux honnête sur votre forme physique. Un entraînement aussi intensif est source de stress pour les systèmes cardiovasculaire et musculo-squelettique. En négligeant cette donnée et sans une préparation physique adaptée, un mode de vie sain et la pratique d'exercices physiques, votre programme risque fort de prendre fin prématurément, avec une méchante blessure ou un autre problème physique. Lors d'un entraînement militaire classique, sur 100 recrues masculines, 6 à 12 sont victimes d'une blessure chaque mois. Dans les unités des forces spéciales, cette moyenne peut dépasser 30 %

Page ci-contre: l'alimentation d'un adulte doit inclure tous les grands groupes d'aliments, à l'image des rations alimentaires de l'armée.

Parkour

Le parkour exige une force extraordinaire dans le haut du corps, mais aussi ressource intérieure et sens développé de l'orientation spatiale. Il est indispensable de s'entraîner à hauteur raisonnable, avant de se déplacer au sommet de bâtiments.

par mois. Ces chiffres sont avancés par les chercheurs Kenton R. Kaufman, Stephanie Brodine et Richard Shaffer, qui ont par ailleurs mis en évidence les principaux facteurs de risques :

> *Les données collectées montrent un lien entre variations importantes du nombre de blessures et facteurs de risques suivants : faible niveau de condition physique, peu d'activité physique au travail et durant les loisirs, historique des blessures, nombre de kilomètres courus élevé, pratique soutenue d'exercices physiques hebdomadaires, tabagisme, âge et facteurs biomécaniques.*
> – Kaufman et al., « *Military Training-related injuries* » www.sciencedirect.com/science/article/pii/S0749379700001148

Cette liste fait surtout apparaître des facteurs extérieurs au programme d'entraînement lui-même. Ainsi, quand la recrue a pratiqué trop peu d'exercices physiques dans sa vie civile, le risque qu'il a de se blesser au cours de l'entraînement augmente significativement. De même, le tabac impacte fortement les performances cardiovasculaires, en réduisant à la fois l'endurance et la force physique. Ceux qui ont déjà été blessés voient le risque de récidive augmenter lorsque leur corps est soumis aux charges et aux efforts d'un entraînement martial.

Épuisement

Aller trop loin et trop vite en cherchant à repousser ses limites peut avoir des conséquences négatives sur votre programme d'entraînement physique, dont un risque accru de blessures pour surmenage ou épuisement. Misez sur un travail progressif, en vous accordant, à intervalles réguliers, des jours de repos et des jours d'entraînement moins intensif.

Forces armées américaines : une condition physique optimale

Les composantes d'une condition physique optimale sont les suivantes :

- Endurance cardiorespiratoire – capacité de l'organisme à délivrer l'oxygène et les nutriments essentiels à l'activité musculaire et à l'élimination des déchets des cellules.
- Force musculaire – capacité d'un muscle ou d'un groupe musculaire à exercer une force maximale lors d'un simple effort.
- Endurance musculaire – capacité d'un muscle ou d'un groupe musculaire à subir des contractions répétées ou à appliquer une force d'intensité sous-maximale durant une période de temps prolongée.
- Flexibilité – capacité à mouvoir une articulation (coude ou genou, par exemple) ou un groupe d'articulations selon une amplitude maximale.
- Composition corporelle – proportion de tissus maigres et de graisses du corps.

– US Army, *FM 21-20, Physical Fitness Training, 1-3*

Tout candidat à un entraînement physique intensif doit donc d'abord faire un bilan honnête de son état de santé. Cette procédure ne vise pas à vous dissuader de poursuivre votre ambitieux objectif, mais vous aidera à mettre au point un programme personnalisé, adapté à vos besoins.

Mode de vie

Votre mode de vie influera sur la réussite de votre programme de conditionnement physique, sachant qu'un manque de discipline dans un domaine peut anéantir les bienfaits d'un effort réalisé dans un autre. Vous devrez notamment arrêter le tabac. Une étude américaine, publiée en 2001 et portant sur 29 044 membres du personnel de l'US Air Force soumis à un entraînement basique durant un an, s'est intéressée au lien entre tabac et démobilisation prématurée. L'étude montrait que 19,4 % des fumeurs avaient été démobilisés, contre 11,8 % chez les non-fumeurs (Klesges et al., 2001). Les auteurs de ce rapport stipulaient que « le tabac

Effets du tabac sur les recrues de l'armée

Une étude portant sur des recrues de l'armée a fourni les données suivantes au sujet des effets du tabac sur les performances :

- Les fumeurs ont deux fois plus de risque d'échec à l'issue d'un entraînement basique.
- Les fumeurs montrent des signes d'épuisement plus précoces lors de tests d'endurance.
- Les fumeurs parcourent moins de distance lors d'une course de 12 minutes.
- Les non-fumeurs courent le 80 m en un temps bien plus rapide.
- Les fumeurs effectuent une course de 16 km en un temps bien plus long.
- Pour chaque cigarette fumée dans la journée, ce temps est augmenté de 40 secondes.
- Fumer 20 cigarettes par jour accroît le temps de course sur 16 km par tranche de 12 ans.

www.gasp.org.uk

était l'indicateur le plus fiable de démobilisation prématurée », tout en précisant que le tabac coûtait à lui seul plus de 130 millions de dollars au sein du seul département de la Défense.

Le grand public étant aujourd'hui conscient des dangers de la cigarette, il nous paraît superflu d'argumenter davantage sur l'intérêt d'un arrêt du tabac. Mais, dans la perspective d'un programme de conditionnement extrême, il faut savoir que la cigarette diminue l'efficacité cardiovasculaire, avec une augmentation de la fréquence cardiaque et une capacité moindre du transport de l'oxygène, ce qui a pour conséquence d'affaiblir le pouvoir d'endurance. De plus, l'impact du tabac sur la force musculaire et la flexibilité implique que les fumeurs retirent moins de bienfaits de l'activité physique, comparés aux non-fumeurs. Le tabac a aussi un effet délétère sur la santé des os, des articulations et des tissus, d'où un temps de récupération plus long après une blessure.

Groupes musculaires

Votre programme d'entraînement doit cibler le développement de tous les grands groupes musculaires, afin d'équilibrer la force physique.

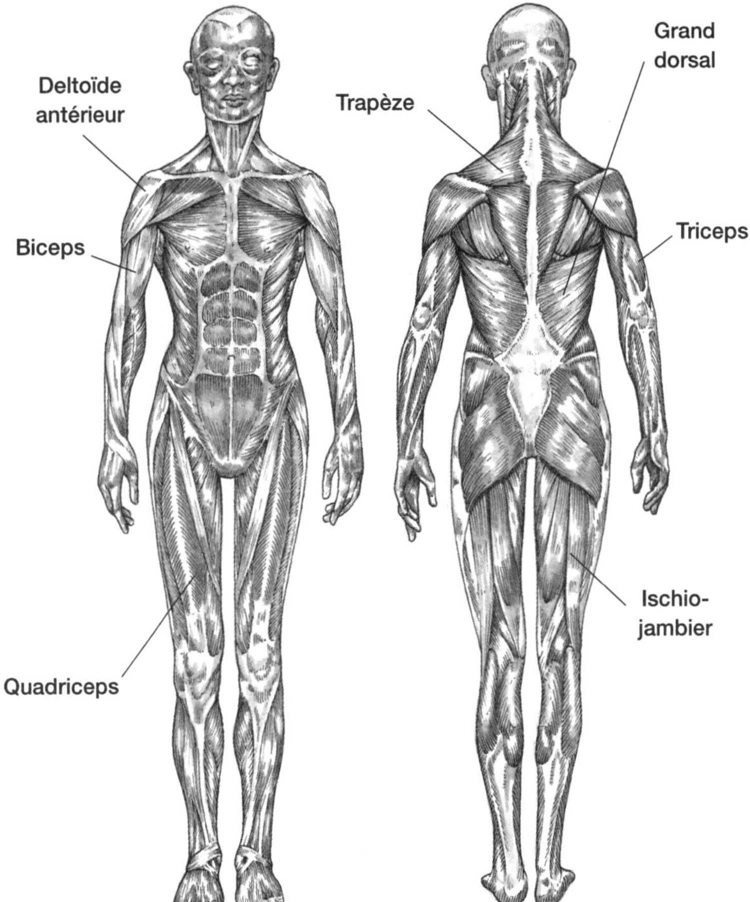

Posture

Adopter une posture correcte lors d'un exercice évite les blessures et accroît la force des muscles profonds. La ligne verticale en pointillé des schémas ci-contre montre que l'alignement de la colonne vertébrale reporte le poids du corps directement au-dessus de notre centre de gravité (ligne horizontale). Debout, tenez-vous droit et évitez toute inclinaison d'une hanche ou de l'autre, afin de prévenir d'éventuelles tensions.

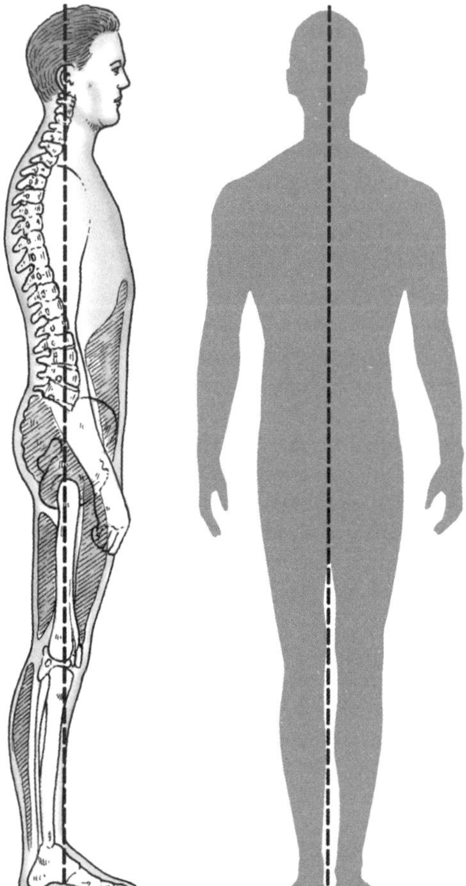

Ainsi, des recherches menées sur des sujets victimes d'une fracture du tibia montrent que le temps de réparation du tissu osseux est augmenté de quatre semaines.

Pour toutes ces raisons et bien d'autres, l'arrêt du tabac doit précéder le début de votre programme de conditionnement physique extrême. Vous devez aussi surveiller votre

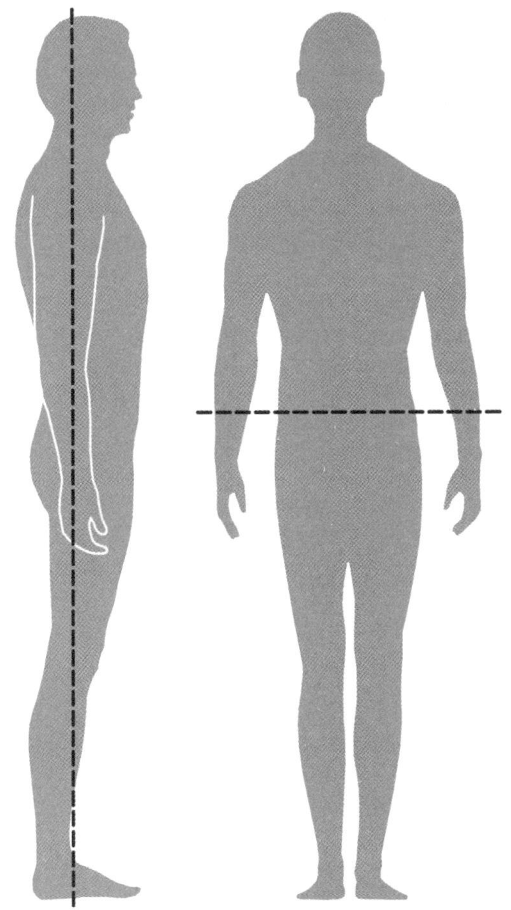

régime alimentaire. La nutrition est à la base de tout bon programme de conditionnement physique, sachant que les aliments représentent non seulement une source d'énergie pour l'organisme, mais qu'ils influent directement sur le développement des muscles, le ratio graisse/muscle et notre capacité à combattre certaines maladies.

Effets du tabac

Fumer entrave non seulement les efforts déployés pour parvenir à nos objectifs sur le plan de la condition physique, mais peut aussi être source de maladies graves, potentiellement mortelles.

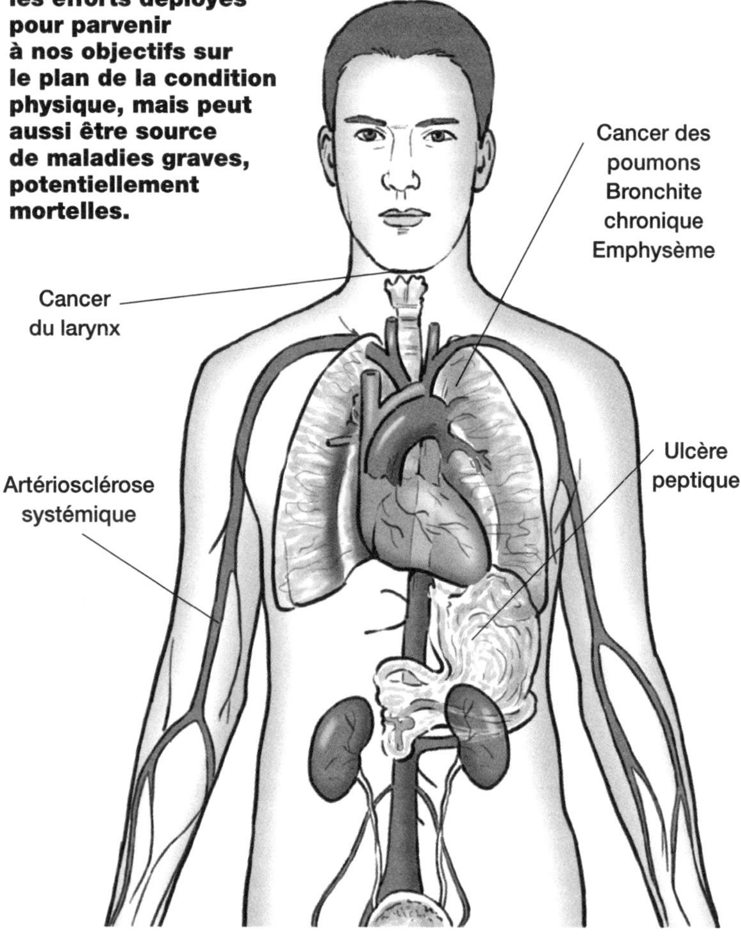

Malheureusement, nous sommes tous les jours confrontés à quantité d'aliments appétissants, mais pauvres sur le plan nutritionnel. Consommer en excès ces aliments riches en sucre, sel et lipides augmentent le risque d'obésité, de maladie coronarienne, de certains cancers, de diabète de type 2 et d'un mauvais état de santé.

Comprendre l'apport calorique

Pour comprendre la nature du problème et le résoudre, il faut d'abord cerner la question de l'apport calorique. Une calorie est une unité d'énergie issue de la digestion des aliments. Un apport calorique minimum est indispensable au maintien des processus physiologiques élémentaires – chez un homme adulte de constitution moyenne, cet apport est estimé entre 2 000 et 2 500 kcal par jour, chez une femme, entre 1 500 et 1 800 kcal par jour. Lorsque l'apport calorique est supérieur à la dépense calorique, cela se traduit par un gain de poids. Néanmoins, on peut accroître notre dépense calorique par la pratique de l'exercice physique. Le calcul complexe permettant de connaître précisément le nombre de calories dépensées tient compte de facteurs comme le poids, le métabolisme, le type d'exercice, et pas uniquement la durée de l'exercice. Pour illustrer notre propos, imaginons un homme de 68 kg se prêtant aux exercices suivants durant 30 minutes :

- Exercices en aérobie (fort impact) : 228 kcal
- Cyclisme (intensif) : 330 kcal
- Gymnastique suédoise : 272 kcal
- Football (compétition) : 306 kcal
- Arts martiaux : 340 kcal
- Escalade : 374 kcal
- Course à pied (10 km/h) : 340 kcal
- Ski de fond (niveau modéré) : 272 kcal
- Nage libre (niveau modéré) : 238 kcal
- Marche (allure modérée) : 129 kcal
- Musculation : 109 kcal

Comme le montre cette liste, la dépense calorique varie selon le type d'exercice pratiqué, d'un peu plus de 100 à près de 400 kcal. Mais quel que soit le type d'exercice, la valeur calorique de bien des aliments peut facilement excéder le nombre de calories brûlées après plusieurs heures d'exercice intensif. Ainsi, la valeur calorique d'un gros hamburger, de frites et d'un soda excède largement 1 300 kcal. Cet apport calorique exigera près de 4 heures de course à pied pour être éliminé. Un sandwich au jambon, avec de la laitue, des tomates et du beurre, selon sa taille, équivaut quant à lui à environ 800 kcal.

Ces chiffres aident à comprendre combien l'apport calorique peut facilement excéder la dépense. Cela se vérifie à travers l'un des plus grands problèmes de santé publique de notre monde moderne, l'obésité.

Besoins caloriques – homme

Connaître le nombre de calories à consommer par jour aide à contrôler cet apport. Une intensification de l'activité exige une augmentation de l'apport calorique, à moins que l'objectif premier soit une perte de poids.

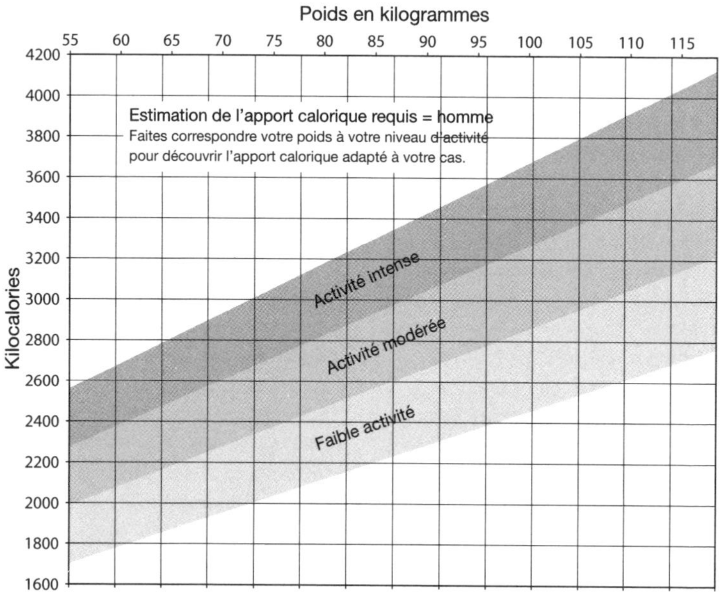

Des données collectées entre 2009 et 2010 font apparaître que 70 % des Américains sont en surpoids, et que le problème affecte désormais les militaires. Ces 15 dernières années, le nombre de soldats américains cliniquement obèses a triplé. Au cours des 10 mois précédant la fin de l'année 2012, pas moins de 1 625 soldats ont été démobilisés pour raison d'obésité.

Le tableau est certes alarmant, mais à nuancer. Certains soldats signalent en effet que l'obésité

Obésité – États-Unis

L'Organisation mondiale de la santé définit comme obèse toute personne présentant un indice de masse corporelle (IMC) supérieur ou égal à 30. Un IMC idéal se situe entre 18,5 et 24,4. L'obésité augmente les risques de maladie cardiaque, d'AVC et de diabète de type 2.

Surpoids et obésité

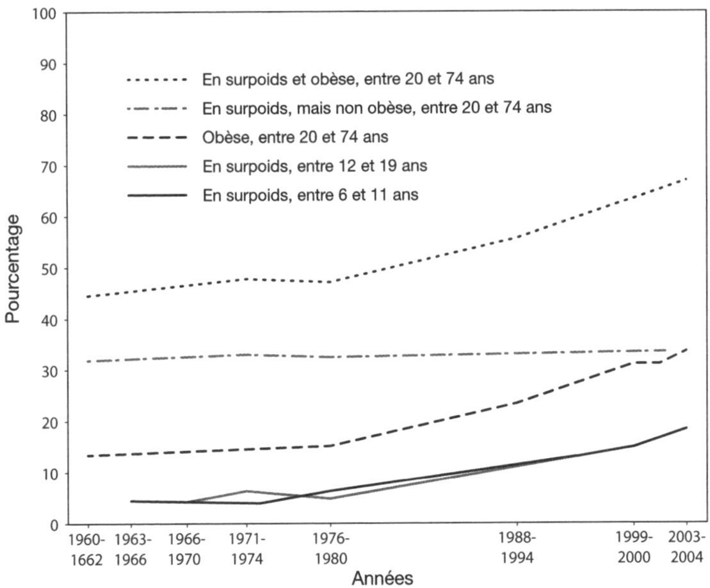

chez les militaires fait souvent suite à des blessures intervenues lors de séances d'entraînement intensif.

Néanmoins, ce constat met en évidence le fait que les individus évoluant dans un milieu où la condition physique occupe une place prépondérante ne sont pas à l'abri d'un problème d'obésité.

Gestion du régime alimentaire

Lors d'un régime sévère, notamment lorsque le corps n'y a jamais été confronté, la perte de poids peut être assez rapide. Mais ce type de régime n'est pas viable à long terme. Tout programme amaigrissant basé sur un régime alimentaire inédit, s'appuyant notamment sur des compléments alimentaires, comme les boissons de régime, finit par devenir insupportable. Ces régimes trop restrictifs accentuent souvent un irrépressible besoin de sucreries et d'aliments gras, en créant une sorte d'effet « cocotte-minute », se traduisant par une consommation excessive de calories dès l'arrêt du programme.

Un repas idéal

L'importance d'un repas sain et équilibré ne doit pas être sous-estimée lors de l'entraînement. Dans un cadre militaire, ce moment est l'occasion de relâcher la pression sur le plan mental et de cultiver la camaraderie.

Pire, ces régimes auraient aussi pour inconvénient un étonnant « effet de fronde » sur le plan alimentaire, révélé par une étude récente de l'Institut national de la santé américain.

La recherche s'attaqua à ce mythe tenace selon lequel une limitation de l'apport calorique de 500 calories en dessous de l'apport recommandé laissait espérer une perte de poids de 450 g par semaine, soit 26 kg par an. Les chercheurs américains ont démontré qu'une telle perte de poids devait se dérouler sur une

Stratégie d'amaigrissement

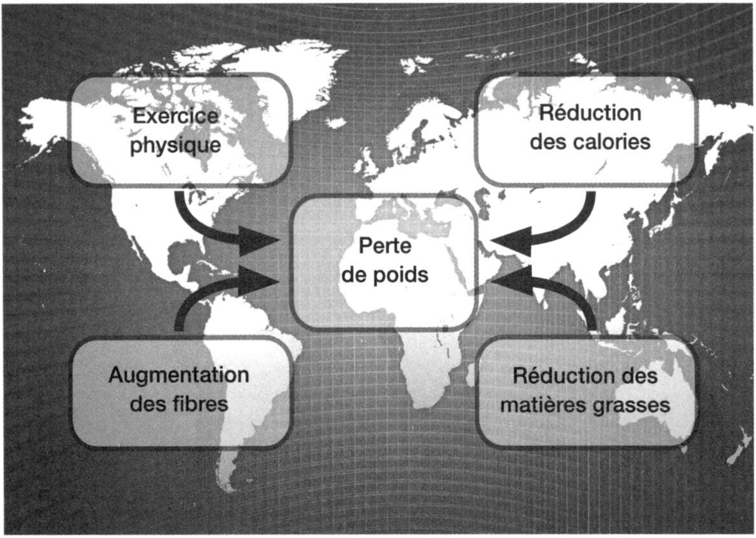

Le schéma ci-dessus montre les principes fondamentaux à respecter pour une perte de poids efficace et durable. Appliquez ces principes pour éliminer les kilos superflus.

durée bien plus longue. En fait, avec une réduction hebdomadaire de 500 kcal, les 26 kg en excès étaient éliminés sur trois ans en moyenne, soit le temps nécessaire à la mise en place de modifications métaboliques, alors que l'organisme s'adaptait à une perte de poids progressive.

Dans la réalité, la plupart des personnes soumises à un régime strict constatent un résultat optimal après 6 mois, mais 50 à 80 % d'entre elles regagnent le poids perdu et finissent même par afficher un poids plus élevé que leur poids initial. Lorsque la personne retrouve ses anciennes habitudes alimentaires, la perte de poids se poursuit (le processus est en effet progressif). Cela lui laisse croire qu'elle continuera à perdre du poids en mangeant davantage. Mais malheureusement, les kilos finissent par revenir, et rapidement.

Modération et habitudes alimentaires

L'étude précédente ne doit pas vous décourager. Un apport calorique réduit et des exercices physiques accrus vous aideront efficacement à éliminer vos kilos superflus. Plus l'effort sera soutenu, plus significative sera la perte de poids. L'essentiel étant la « durabilité ». Un régime bien équilibré, avec un apport calorique contrôlé, doit entrer dans le cadre d'une discipline alimentaire sur le long terme, et non se limiter à un effort passager. Pour y parvenir, le contrôle du poids doit s'appuyer sur une approche mentale et physique à la fois simple et réaliste, susceptible de nous accompagner longtemps.

Heureusement, le procédé n'a rien de compliqué. La synthèse de toutes les recherches en matière de gestion du régime alimentaire se résume à quelques points essentiels. Le premier prend la forme d'un vieil adage : « De la modération en tout ». Contrairement à ce que l'on pourrait croire, un gros hamburger bien gras n'est pas si mauvais que ça. C'est sa consommation excessive et répétée qui nuit à la santé. En réalité, un régime bien équilibré, riche en fruits, légumes et protéines maigres, avec une consommation occasionnelle d'aliments gras hypercaloriques, suffira à répondre aux exigences de notre organisme. La simple addition des calories consommées nous informera du dépassement de l'apport calorique journalier recommandé. Nombre d'applications gratuites pour smartphones et tablettes proposent des méthodes de calcul de l'apport calorique. L'essentiel est de compter tout ce que vous consommez, y compris ces petits riens qui finissent par représenter quelques centaines de calories par jour. Combien en effet s'étonnent de ne pas perdre de poids, sans réaliser que le coupable se cache sous ces multiples petits en-cas grignotés tout au long de la journée.

L'objectif est de faire en sorte que la modération et l'équilibre deviennent une habitude. Vous pouvez solliciter votre imagination de mille et une façons pour y parvenir. Commencez par adopter un état de « pleine conscience » face à la nourriture. Plus simplement, soyez attentif à chacun de vos gestes lorsque vous mangez, plutôt que d'avaler dans l'urgence, sans même y penser. À chaque fois que la sensation de faim se manifeste ou qu'un aliment vous tente, prenez le temps de vous poser quelques questions :

Ai-je réellement faim ? Si vous venez de manger il y a peu, il y a fort à parier qu'il s'agit plus de tentation que de faim. Soyez vigilant face au stress ou à l'ennui, car la nourriture est souvent considérée comme un moyen rapide et efficace pour soulager ces symptômes. La soif peut être mal interprétée. Buvez un grand verre d'eau et vous constaterez que la

Dépense calorique

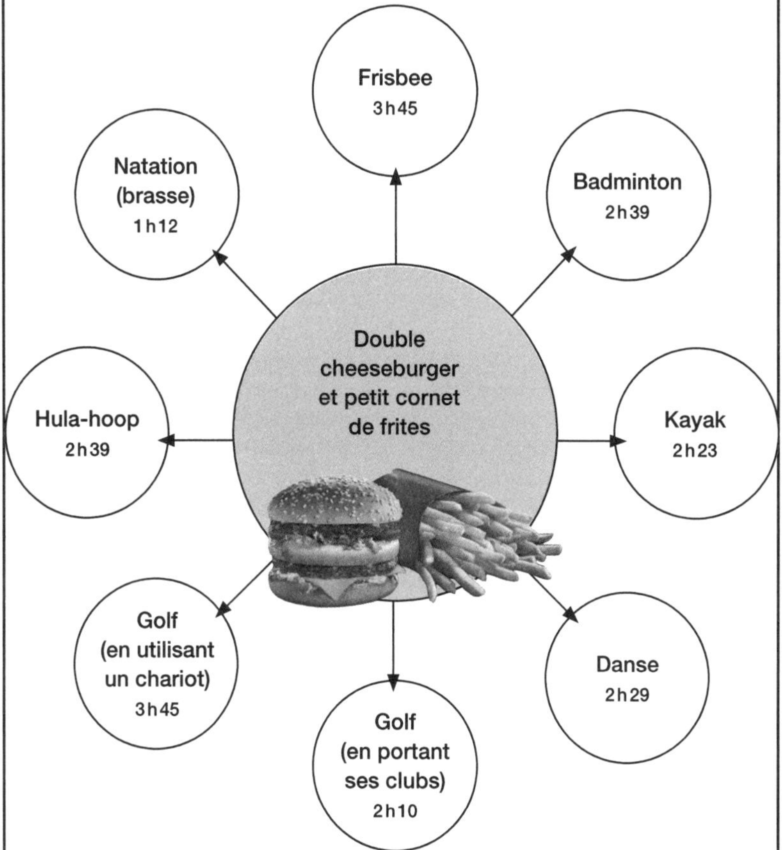

Restez vigilant, car la valeur calorique de nombreux aliments est très élevée, notamment celle des aliments industriels riches en lipides. Ce schéma indique le temps nécessaire pour brûler les calories d'un double cheeseburger et de frites.

Manger à table

Manger à table ou en compagnie d'autrui incite à manger plus lentement, ce qui permet à l'organisme d'assimiler, avant que se manifeste un sentiment de satiété.

sensation de faim diminue. Autre solution : sortez prendre l'air pour rompre l'ennui et calmer le stress, et vous verrez que vous serez moins tenté par le paquet de biscuits.

Quelle quantité manger ? Cette question est préoccupante dans notre monde moderne, alors que les nutritionnistes ont noté un inexorable accroissement de la taille et de la valeur calorique des portions dans les pays développés. Il y a 20 ans, une portion de pizza équivalente à 2 parts représentait de 500 kcal, contre 850 aujourd'hui. Les sodas étaient distribués en canettes de 350 ml, contre 500 ml souvent aujourd'hui, soit 242 kcal au lieu de 145. Pour celui qui suit un régime, manger dehors est un défi. Dans beaucoup de restaurants, un repas excède largement 2000 kcal.

De façon générale, commencez par réduire la taille de vos portions, ou du moins remplacez les aliments riches en lipides par d'autres, moins caloriques (voir l'encadré ci-dessous pour plus de détails).

Comment est-ce cuisiné ? L'aliment le plus sain peut devenir indigeste selon la méthode de cuisson (pensez à la différence entre du poulet grillé et son équivalent pané et frit).

Au restaurant, commandez des préparations cuites à la vapeur, grillées ou saisies au gril, plutôt que frites ou sautées. Évitez les préparations contenant les mots suivants dans leur intitulé : crémeuse, panée, beignet ou au beurre. Restez vigilant avec les assaisonnements susceptibles de transformer une salade légère en une préparation trop grasse.

Réduire ses portions et apports caloriques

- Mangez dans des assiettes plus petites. Cette astuce simple suffit à tromper le cerveau, en le persuadant qu'il reçoit plus de nourriture que ce que l'assiette contient réellement.
- Mangez lentement et prenez conscience de la saveur de chaque bouchée. En procédant ainsi, vous parviendrez plus rapidement à un sentiment de satiété.
- Peu de temps avant un repas principal, grignotez quelque chose de sain, comme une branche de céleri ou un yaourt maigre. Cela calmera votre faim et vous aidera à modérer votre appétit à table.
- Pensez à la façon dont les aliments ont été préparés et cuisinés. Remplissez votre assiette d'aliments au mode de préparation diététique, par exemple bouilli ou grillé.
- Lorsque vous mangez dehors, évitez les portions trop généreuses et choisissez des aliments préparés de façon diététique. Surveillez votre consommation de boissons. Des sodas suffiront à alourdir votre apport calorique journalier de centaines de kilocalories.
- Au restaurant, ne mangez pas au-delà de la satiété. Demandez éventuellement à emporter les restes de votre repas.

Substances nocives

Drogue et alcool peuvent avoir un effet néfaste sur un régime amaigrissant. Non seulement ces substances donnent faim, mais il faut aussi savoir que l'alcool présente une teneur élevée en sucre et calories.

Évitez toutes les drogues illicites et modérez votre consommation d'alcool, à un ou deux verres par jour.

Une petite astuce psychologique pour vous aider à adopter de bonnes habitudes alimentaires est d'imaginer une sorte de sentinelle devant votre bouche qui questionnerait chaque aliment avant de le laisser entrer. Essayez cette méthode pendant 28 jours. Une étude a démontré que si vous réussissez à vous conformer rigoureusement à un schéma durant ce laps de temps, ce dernier se transformera probablement en une habitude à long terme.

Aliments essentiels

Que manger pour mener à bien un programme de conditionnement physique extrême ? Une fois encore, mieux vaut opter pour une approche simple, facile à pérenniser. L'important est de mettre au point un régime qui intègre tous les groupes d'aliments, afin d'apporter à l'organisme les éléments indispensables à la production d'énergie, au renforcement du système immunitaire et à la réparation des tissus. Chacun doit veiller à disposer d'un apport équilibré en glucides, protéines et lipides.

Glucides

Les glucides sont utilisés par l'organisme pour fabriquer du glucose, source d'une énergie indispensable au fonctionnement du corps et des muscles, d'où l'importance des glucides pour ceux qui entament un programme de conditionnement physique extrême. Vous trouverez des glucides dans les fruits, les légumes, le pain, les céréales, les graines, les produits laitiers et tous les produits sucrés (gâteaux, boissons riches en sucre et friandises). Mais les glucides n'offrent pas tous la même valeur nutritionnelle.

Les glucides simples ont une structure chimique qui réunit un ou deux sucres et incluent les sucres de nombreux fruits, mais aussi les sucres raffinés utilisés pour produire confiseries, gâteaux, confitures, biscuits, etc. Ces sucres très rapidement assimilés par l'organisme offrent une source d'énergie immédiate, d'où leur intérêt dans l'apport d'un regain de vitalité lorsque le corps montre des signes d'épuisement. Mais cette énergie est éphémère et les aliments riches en sucre raffiné présentent peu d'autres bienfaits pour l'organisme.

Les glucides complexes sont organisés en une longue chaîne et comportent trois sucres ou plus. Assimilés plus lentement par l'organisme, ils libèrent leur énergie sur une période de temps plus longue, d'où leur intérêt dans les épreuves d'endurance. Beaucoup de glucides complexes présentent une teneur élevée en fibres, qui participent au bon fonctionnement du système digestif. Les glucides complexes sont présents dans des

Séance d'entraînement

Associant force et endurance, les exercices de renforcement constituent la plus efficace des séances d'entraînement. Cet exercice avec des haltères renforce les grands dorsaux et les muscles abdominaux.

aliments comme les légumes, le pain complet, les céréales complètes, les flocons d'avoine, les graines, le riz brun et les pâtes, les haricots secs et les lentilles. En raison de leurs nombreux bienfaits, dont une source non négligeable de vitamines et minéraux, cette catégorie de glucides doit représenter l'essentiel de votre consommation de glucides, alors que les glucides simples seront consommés de façon ponctuelle, pour stimuler l'énergie. L'United States Air Force Dietetics (USAFD) recommande un apport calorique total constitué de 45 à 65 % de glucides, avec la moitié au minimum de l'apport en céréales sous la forme de céréales complètes.

Protéines

Comme les glucides, les protéines sont des nutriments essentiels. Constituées d'acides aminés, elles représentent les blocs de construction de l'organisme, jusqu'au niveau cellulaire. Elles sont sans cesse dégradées et remplacées, mais sont pourtant essentielles aux fonctions organiques élémentaires, à la récupération après une activité physique ou au développement de la force musculaire. Les protéines sont présentes dans les aliments suivants : viande, volaille et poisson, légumes, œufs, tofu, fruits secs et graines, produits laitiers, mais aussi en quantité moindre dans les céréales et certains types de fruits et légumes.

Le besoin en protéines est plus élevé chez les athlètes. L'USAFD recommande que les protéines représentent de 10 à 35 % du régime alimentaire. Les athlètes, notamment haltérophiles et bodybuilders, font souvent appel à des suppléments de protéines favorisant une augmentation rapide de la masse musculaire. Ces suppléments sont en général proposés sous la forme de comprimés ou de poudre soluble. Les protéines de lactosérum sont considérées comme un supplément de qualité supérieure (néanmoins peu adapté aux individus souffrant d'intolérance au lactose).

La question des suppléments doit faire l'objet de quelques mises en garde. Si les suppléments de protéines participent à l'augmentation de la masse musculaire, ils ont aussi des effets secondaires, à moyen et long terme. En 2003, un essai randomisé contrôlé auprès d'une population de Marines de l'US Marine Corps Base de Parris Island s'intéressa aux effets des suppléments de protéines. Le groupe ayant consommé des suppléments de protéines en retira des bienfaits (contrairement au groupe placebo et au groupe témoin) :

> *[Pour eux], le nombre de visites chez le médecin fut inférieur de 33 % en moyenne, avec 28 % de visites en moins pour infection bactérienne/virale, 37 % pour problèmes musculaires/articulaires et 83 % pour coups de chaleur...*

Groupes d'aliments

Ce schéma illustre la variété des groupes d'aliments à consommer chaque jour. En variant les catégories d'aliments au sein de chaque groupe, votre apport en glucides, protéines, vitamines et minéraux répondra aux exigences de votre programme d'entraînement.

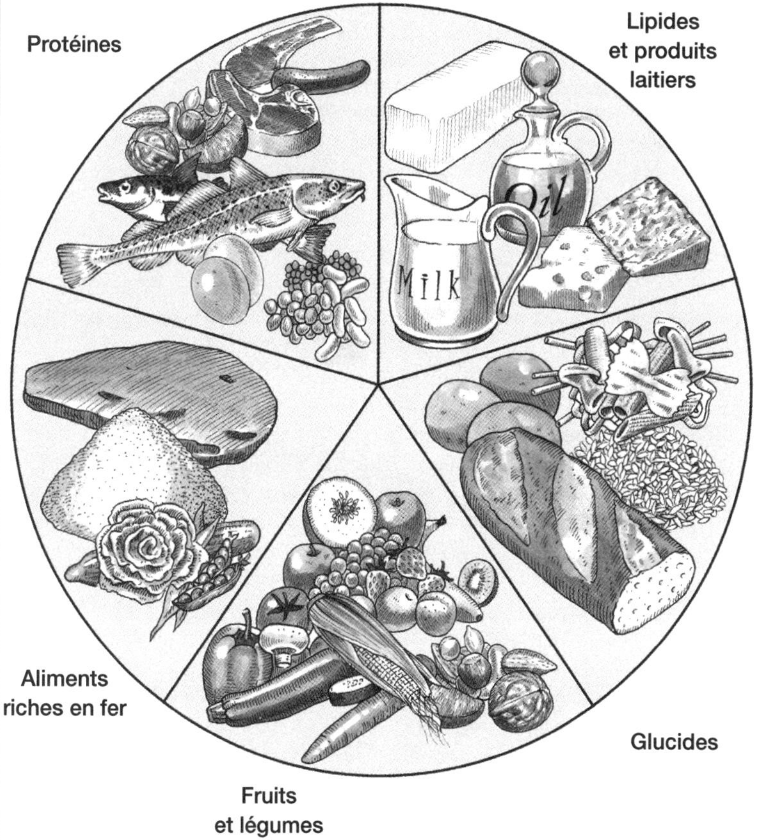

Sources de lipides

Les lipides ou matières grasses sont une composante essentielle de tout régime alimentaire. Les acides gras insaturés, comme ceux présents dans le poisson et les fruits secs, ont un effet bénéfique sur le cholestérol et préviennent les maladies cardiaques. Les acides gras saturés présents dans le beurre et l'huile, caloriques, aux bienfaits limités sur la santé, feront l'objet d'une consommation limitée.

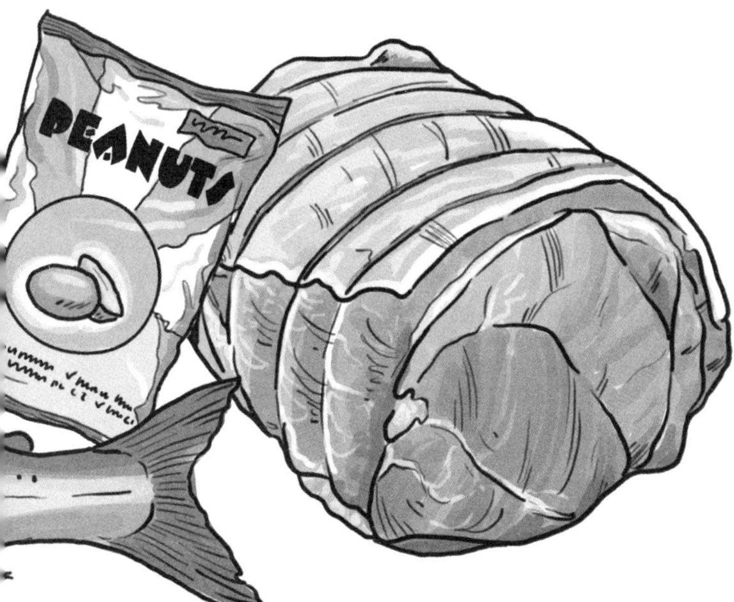
PEANUTS

Pompes

Pour être efficaces, les pompes impliquent une extension complète des bras, fléchis à 90° au départ du mouvement. Maintenez le corps droit et aligné tout au long du mouvement.

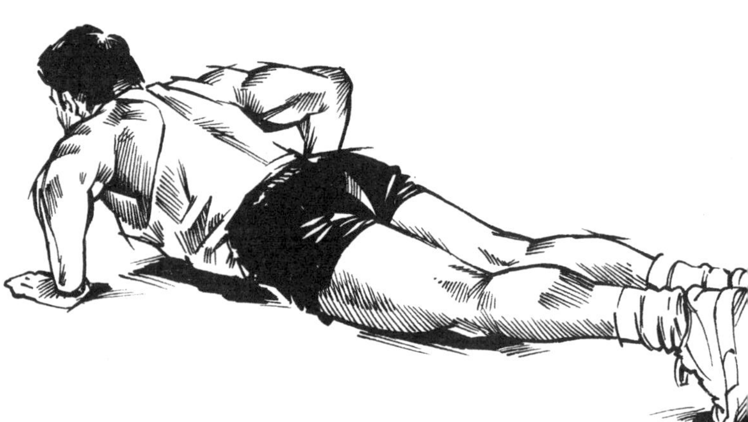

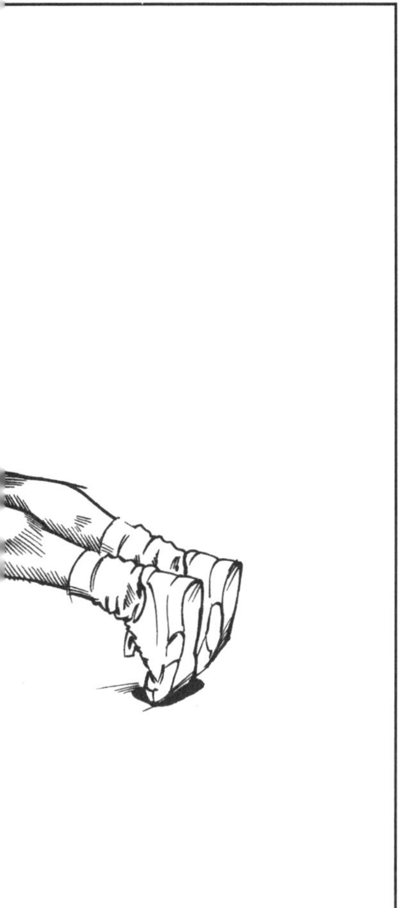

Leurs douleurs musculaires après l'effort furent limitées dans le groupe. Une supplémentation après l'effort améliorait non seulement le dépôt protéique dans les muscles, mais présentait aussi un réel impact positif sur la santé, les douleurs musculaires et l'hydratation des tissus lors d'un entraînement intensif et prolongé, ce qui suggérait une potentielle approche thérapeutique visant la prévention des problèmes de santé chez des populations ayant été soumises au stress sévère d'une activité physique intense.
– www.ncbi.nlm.nih.gov/pubmed/14657039

Les suppléments de protéines jouent à l'évidence un rôle non négligeable dans la récupération. Mais la prise de suppléments exige de prendre quelques précautions. En effet, beaucoup sont sortis récemment et leurs effets à long terme restent à vérifier. Utilisez-les avec modération et fiez-vous de préférence à un régime classique et éprouvé. N'achetez pas vos suppléments en dehors de boutiques agréées et lisez tous les articles parus sur le produit (y compris les avis de spécialistes indépendants). Consultez votre médecin traitant avant de suivre un régime à base de suppléments, sachant que ce qui marche chez une personne peut être néfaste à la santé d'une autre.

Lipides
Bête noire des diététiciens, les lipides sont à la fois savoureux et hypercaloriques, et tout le problème est là. Ils se déclinent sous de nombreuses variétés aux propriétés différentes. Du côté des « mauvaises matières grasses » se trouvent les acides gras saturés et trans. Les aliments riches en acides gras saturés incluent viandes grasses, produits transformés à base de viande (tourtes, saucisses, etc.), beurre, fromage, crèmes et la plupart des confiseries, mais aussi biscuits et gâteaux. La consommation excessive de ces produits participe à l'élévation du taux de cholestérol, premier responsable, l'âge aidant, de maladies cardiaques et d'AVC.

Les acides gras trans, présents en petites quantités dans la viande et les produits laitiers, se retrouvent en quantité dans les aliments contenant des huiles végétales hydrogénées. Aussi impliqués dans l'élévation du taux de cholestérol, ils ont néanmoins tendance à disparaître de nos assiettes.

Parmi les « bonnes matières grasses » se trouvent les acides gras insaturés, présents dans les huiles de tournesol et d'olive, les fruits secs et les poissons gras. Ils aident à réduire les taux de cholestérol, ce qui explique que le régime méditerranéen soit plus sain que celui des régions d'Europe du Nord. Les acides gras essentiels oméga-3, présents dans les poissons gras, et les produits enrichis en oméga-3, sont source d'autres bienfaits. Un rapport de l'US Army Food Service mentionne dans leurs effets positifs :

- *Réduction des risques de maladie cardiaque*
- *Abaissement de la tension*
- *Réduction des risques de dépression, troubles bipolaires et trouble du déficit de l'attention avec hyperactivité*
- *Possible rôle protecteur en cas de lésion cérébrale traumatique et de trouble de stress post-traumatique (TSPT).*

– www.quartermaster.army.mil/jccoe/operations_directorate/cspd/Workshop_Information/Nutrition_Brief.pdf

Si les matières grasses peuvent être responsables de maladies graves, elles n'en sont pas moins indispensables et jouent un rôle important sur le plan de l'endurance. Votre apport en lipides doit privilégier les acides gras insaturés, avec moins de 10 % de calories issues d'acides gras saturés. Essayez le plus possible de remplacer les matières grasses solides par des huiles (olive et tournesol).

Vitamines et minéraux
En plus d'un apport en glucides, protéines et lipides, l'organisme exige

Produits énergétiques

Les produits énergétiques, sous forme de barre, gel ou boisson, fournissent un concentré d'énergie appréciable en cas de baisse de vitalité.

une large variété de vitamines et minéraux pour bien fonctionner. Ces derniers apportent chacun leur contribution. Ainsi, la vitamine D (obtenue après une exposition au soleil, mais aussi tirée de l'alimentation) favorise l'assimilation du calcium, pour la solidité et le développement des os. (Le rachitisme, se traduisant par une déformation des os, est lié à une déficience en vitamine D.) La vitamine C, tirée des agrumes, poivrons, brocolis, pommes de terre et de nombreuses autres sources, participe à la santé des cellules et à l'entretien des tissus conjonctifs. Les principales sources de fer incluent viande, céréales, haricots secs, lentilles et épinards. Dans l'organisme, le fer participe entre autres au transport de l'oxygène dans le sang, ou encore au contrôle du développement et de la différenciation des cellules. Les individus présentant une carence en fer (anémie ferriprive) souffrent de symptômes variés, dont vertiges, fatigue générale, faiblesse, sautes d'humeur et immunodépression.

Un régime alimentaire équilibré suffit à répondre aux besoins de l'organisme en vitamines et minéraux essentiels. La prise quotidienne d'un supplément peut couvrir les besoins élémentaires, mais ne remplacera jamais les bienfaits tirés d'un régime alimentaire sain, qualitativement et quantitativement supérieurs à ceux d'un simple comprimé.

Nutrition en cours d'entraînement

Nous avons appris à manger sainement pour entretenir notre santé et notre condition physique. Les conseils nutritionnels prodigués dans ce livre s'appuient sur ces principes, sachant que la santé est le premier des critères nécessaires au développement de la forme physique. Mais ce livre s'intéresse au conditionnement physique extrême et, à l'évidence, celui qui s'engage dans un tel programme ressentira parfois la nécessité d'adapter ou de s'écarter de ces principes diététiques. En fait, votre apport calorique devra certainement être revu à la hausse. Lors de l'entraînement des Navy Seals, les recrues peuvent consommer près de 7 000 calories par jour, soit plus de trois fois l'apport journalier recommandé, et néanmoins perdre du poids. (Des cas de figure rares, ou à mettre en application sur une courte durée.)

Si vous constatez que vous perdez du poids de façon trop importante, augmentez l'apport calorique afin de compenser. Néanmoins, évitez les aliments pauvres, et préférez les glucides et les protéines de qualité supérieure. Plusieurs semaines avant une épreuve, commencez par vous constituer une réserve de glucides dans laquelle puiser tout au long de votre défi. Consommez des glucides à faible index glycémique, autrement dit assimilés par l'organisme plus lentement que les glucides à index glycémique élevé. Privilégiez pâtes, riz complet et porridge, complétés de viandes maigres accompagnées de légumes et aussi de fruits frais en abondance.

Le jour de l'épreuve, pas question de surcharger votre système digestif avec un repas roboratif avant de prendre le départ. Dans les heures précédant la course, consommez quelques en-cas diététiques à faible

Exercices ludiques inédits

L'activité physique ne doit pas être synonyme d'ennui. Vous aurez bien plus de chances de suivre régulièrement votre programme d'entraînement et d'en retirer les bienfaits qui s'imposent en pratiquant des activités comme le hip-hop, le skateboard, le parkour et le kitesurf.

Étirement des quadriceps à plat ventre

Cet exercice d'étirement utilise une serviette pour étirer les muscles à l'avant des cuisses. Ciblez un allongement du muscle au maximum de son amplitude, maintenez la posture 10 secondes, puis relâchez. Répétez l'exercice sur l'autre jambe.

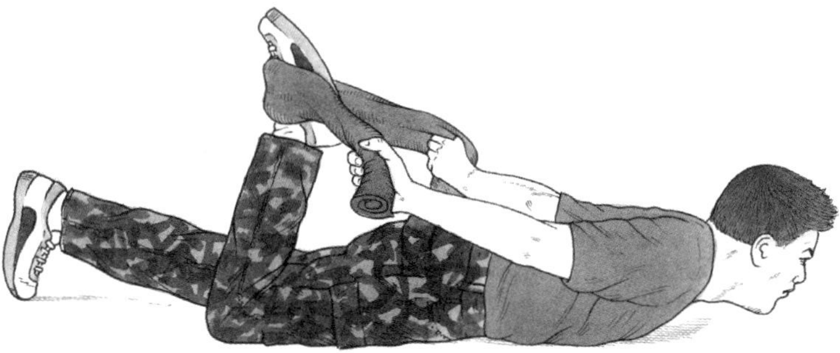

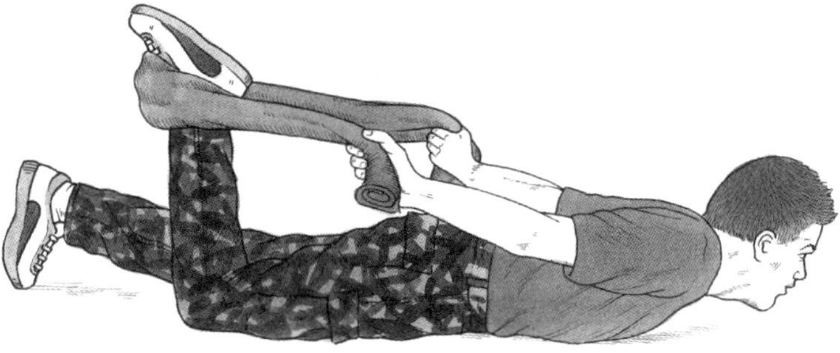

index glycémique, comme un sandwich au poulet au pain complet, un sandwich au beurre de cacahuète, un fruit ou du porridge. En cours de compétition, si l'effort se prolonge plusieurs heures, le besoin d'un regain d'énergie vous obligera à renflouer vos réserves en glucides. Privilégiez alors les aliments à index glycémique élevé, comme les confiseries, les fruits (notamment banane ou orange) frais ou séchés, le miel et les barres énergétiques, capables de délivrer rapidement un concentré d'énergie bienvenu. Prévoyez un équivalent de 140 kcal de glucides par heure d'effort. Vous pouvez aussi consommer des gels à haute teneur en glucides, spécialement formulés pour les sportifs. Buvez en même temps pour bénéficier d'une source de fluide abondante. Lors d'une compétition d'endurance, consommez un gel toutes les 30 à 45 minutes.

Le contrôle de votre régime alimentaire aide à potentialiser les réserves de l'organisme en énergie, mais aussi à ne pas réduire à néant les bienfaits retirés de l'exercice en raison d'une alimentation inadaptée. Les chapitres à venir détaillent d'autres aspects de la nutrition, en fonction d'activités spécifiques de conditionnement physique extrême. Poursuivons ici avec d'autres observations sur la façon de vous préparer à une compétition exigeant un effort physique intense ou prolongé.

Souplesse

On a longtemps cru que tout athlète devait s'étirer avant une compétition, afin de prévenir les blessures et d'améliorer ses performances. Si les bienfaits de l'étirement sur le plan physique ne sont plus à démontrer, la recherche a néanmoins récemment apporté une note discordante à ce constat.

Ainsi, certaines études ont montré que des étirements avant une course d'endurance semblaient accroître le risque de blessure, probablement en raison d'une surextension des articulations. Un résultat similaire avait été mis en évidence chez les joueurs de football américain, qui développent une trop grande flexibilité des ischio-jambiers, se traduisant par une instabilité des genoux. Inversement, les footballeurs professionnels qui développent une bonne flexibilité au niveau de l'aine et des hanches semblent mieux protégés de risques de blessures dans ces régions.

S'il faut poursuivre les recherches, certaines conclusions commencent à émerger. La première est que l'étirement statique, celui qui reste le plus pratiqué avant une compétition de conditionnement physique, semble en réalité peu efficace en termes de prévention des blessures et d'amélioration des performances, à moins que la discipline exige une très grande flexibilité, comme les arts martiaux. En fait, l'essentiel est que l'athlète acquiert une bonne

Étirement

- Relâchez doucement l'étirement en cas de sensation de brûlure ou de déchirure dans le muscle.
- Ne forcez jamais sur un étirement au-delà d'une limite acceptable pour vous. Sollicitez l'étirement balistique (effectué sous forme de mouvements en « temps de ressorts » pour étirer un muscle), mais uniquement après un échauffement complet des muscles, et sans forcer, afin d'éviter toute blessure soudaine.
- Lors d'une séance d'étirements pratiquée avec l'aide d'un partenaire, convenez d'une série d'instructions brèves et claires, de façon à ce que votre partenaire ne vous pousse pas au-delà de vos limites physiques.
- Échauffez-vous doucement avant tout étirement. Le surplace à petite allure ou des exercices aérobies légers, comme de petits sauts avec écart des jambes (jumping jacks), élèveront la température des muscles et les rendront plus souples lors de l'étirement.

amplitude de mouvement (ADM) dans la gamme de mouvements qu'il utilise. Dans les chapitres suivants seront détaillés des étirements à pratiquer entre deux séances d'entraînement, afin d'accroître l'amplitude de mouvement active, mais l'encadré ci-dessus détaille quelques grands principes à appliquer avant toute séance d'étirement.

Équipement

Chaque discipline fait appel à des équipements spécialisés. L'acquisition et l'utilisation de ces équipements font partie du plaisir et du défi que constitue le sport en lui-même.

Dans le conditionnement physique extrême, il est indispensable d'avoir un matériel adéquat. Avant d'acheter un équipement, faites des recherches approfondies, non seulement en vous intéressant à tous les articles se rapportant au produit, mais aussi en consultant les avis des internautes dans les forums. Vous y trouverez souvent de précieux témoignages sur les performances du produit en situation réelle de compétition. Si vous hésitez, rendez-vous dans une boutique spécialisée pour prendre conseil auprès de spécialistes (même si cela vous oblige à faire quelques kilomètres).

Étirement des ischio-jambiers

Lors de l'étirement des ischio-jambiers, regardez droit devant, de façon à éviter de courber le dos, tout en centrant l'effort au niveau de la région lombaire. Expirez à chaque fois que vous intensifiez l'étirement.

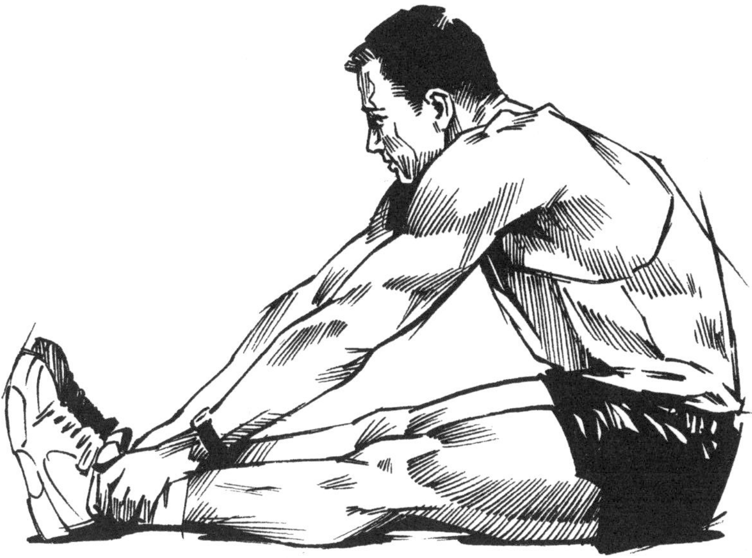

Si vous avez un équipement mécanique (comme un rameur), veillez à bien l'entretenir. Les appareils de musculation ont une durée de vie limitée. Si vous pratiquez une discipline de l'extrême, faites-les réviser par un professionnel. Surveillez bien l'absence de signes d'usure des pièces mobiles, comme les courroies ou les câbles.

Entraînement militaire

Les unités d'élites imposent aux soldats des épreuves physiques à même de mettre en difficulté les plus grands athlètes. L'entraînement repose sur quelques principes clés, applicables à tout programme de conditionnement physique extrême.

Quelle unité des forces spéciales a le programme d'entraînement le plus éprouvant ? La question fait débat mais, en réalité, les programmes de sélection et d'entraînement de toutes les unités d'élites sont exigeants à l'extrême, d'où un taux d'échec élevé parmi les postulants. Aux États-Unis, le Corps des Marines enregistre un taux d'échec d'environ 40 % aux épreuves de recrutement. Pour les Forces spéciales américaines, ce taux se situe entre 60 et 70 %, alors que des unités comme le Special Air Service (SAS), le British Royal Marines et l'US Navy Seals affichent un taux d'échec sans appel, entre 75 et 90 %. (Ces chiffres variant bien évidemment selon les classes de recrues.)

Parmi ceux qui ne parviennent pas à atteindre le niveau requis, certains sont écartés dès la visite médicale (souvent à leur plus grand étonnement), alors que d'autres éprouvent des difficultés à se plier à la discipline. Toutefois, la majeure partie ne parvient pas à relever les défis physiques du programme d'entraînement. Celui qui se présente aux épreuves sans un niveau de condition physique optimal est condamné à l'échec. Les instructeurs insistent sur le fait que l'entraînement des forces spéciales n'a pas pour vocation

Page ci-contre : l'« épreuve de la noyade » est un test de gestion du stress du Corps des Navy Seals.

Manuel de conditionnement physique de l'armée américaine

Régularité Pour ressentir les bienfaits de l'entraînement [...], il faut s'astreindre à s'exercer [...] au moins trois fois par semaine. Une pratique irrégulière est plus néfaste que bénéfique. La régularité concerne aussi le repos, le sommeil et le suivi d'un régime alimentaire sain et équilibré.

L'intensité et/ou la durée d'un exercice sont progressivement augmentées afin d'améliorer le niveau de condition physique.

Équilibre Pour être efficace, un programme doit inclure des activités ciblant tous les composants de la condition physique, car en privilégier un suffit à nuire aux autres.

Variété Introduire de la variété dans les activités physiques évite l'ennui et participe à accroître motivation et progrès.

Spécificité L'entraînement doit tendre vers un objectif spécifique. Ainsi, un soldat affichera de meilleures performances en course, si son entraînement cible cette discipline. Si la natation est un exercice idéal, elle sera moins efficace qu'un programme d'entraînement dédié à la course pour améliorer son temps aux 3 km.

Récupération Une journée d'entraînement intensif ciblant un composant de la condition physique doit être suivie d'une journée d'exercice modéré ou de repos afin de faciliter la récupération de ce composant et/ou des groupes musculaires sollicités. Il est également possible d'alterner d'un jour à l'autre les exercices, afin de solliciter des groupes musculaires différents, notamment lors d'un entraînement ciblant la force et/ou l'endurance musculaire.

Surcharge La charge de travail lors de chaque séance doit être supérieure à la charge de travail à laquelle est soumis habituellement le corps.

d'amener un individu sans préparation à un niveau de forme physique optimal, mais de recruter des candidats doués de force, d'endurance et d'énergie.

Entraînement des Navy Seals

Pour bien comprendre ce qu'est un programme d'entraînement des forces spéciales, et les leçons à en retirer sur le plan du développement de la condition physique, rien ne vaut le BUD/S, ou Basic Underwater Demolition/SEAL, de l'US Navy. Ce programme éprouvant et sélectif de 24 semaines pousse les candidats aux limites de l'endurance physique, en milieu terrestre et aquatique.

Ci-dessous : les Navy Seals entraînent souvent leur endurance physique et leur résistance mentale sur terrain difficile.

Navy Seals
Nage en eau profonde

La nage constitue un excellent exercice aérobie, sollicitant tous les groupes musculaires. La nage en eau profonde est idéale pour développer endurance et capacité pulmonaire.

Pour intégrer le Corps des Navy Seals, il faut être citoyen américain de sexe masculin et âgé de 17 à 28 ans (avec dérogation possible pour des candidats de 29 à 30 ans). Chaque postulant doit posséder une acuité visuelle d'au moins 3/10 à l'œil le moins performant, et de 5/10 pour l'autre. Tous doivent justifier d'un niveau d'études secondaires et satisfaire à l'Armed Services Vocational Aptitude Battery (ASVAB), test d'évaluation des aptitudes cognitives des sujets dans différents domaines. Puis les candidats sont soumis au C-SORT (Computerized-Special Operations

Resilience Test), une forme de test psychométrique destiné à évaluer la résistance mentale d'un candidat, afin de définir son type de personnalité.

Lors de la présélection, le candidat se soumet à un premier test d'aptitude physique, le Physical Screening Test (PST), afin de s'assurer qu'il dispose des capacités physiques requises. Le test se présente comme suit, avec un niveau de performance minimal et optimal, suivant différentes épreuves :

Ces épreuves, qui permettent d'évaluer la condition physique globale, sont un point clé des programmes de conditionnement physique des forces spéciales. En effet, un soldat d'élite doit disposer d'un profil physique aussi complet que possible, il lui faut une armure sans faille. Ce point est abordé dans le *Naval Special Warfare Physical Training Guide* des Navy Seals, un manuel conçu à l'attention des candidats soucieux d'améliorer leur condition physique en vue du PST et du BUD/S :

Test	**Performance minimale**	**Performance optimale**
Nage (sur 457 m)	12 min 30	9 minutes
Pompes	50	90
Redressements assis	50	85
Tractions	10	18
Course de 2,4 km	10 min 30	09 min 30

Nage sur 457 m (brasse ou nage indienne de combat) – 10 minutes de repos
Pompes (maximum en 2 minutes) – 2 minutes de repos
Redressement assis (maximum en 2 minutes) – 2 minutes de repos
Tractions (maximum en 2 minutes) – 10 minutes de repos
Course de 2,4 km (avec short et chaussures de course)

> *L'essentiel de vos exercices cardiovasculaires doit se concentrer sur la course et la natation. Dans les domaines des calisthenics et de la force, visez le développement de la force musculaire et de l'endurance, afin de parvenir au maximum exigé pour les tractions, les redressements assis et les*

pompes. L'entraînement croisé, comme le vélo, l'aviron et la randonnée, est préconisé en cas de blessure, pour ajouter de la variété ou compléter l'entraînement de base. Améliorez vos points faibles. Si vous êtes un bon coureur, mais un piètre nageur, ne consacrez pas tout votre temps à courir, simplement parce que vous excellez dans cette activité. Sortez de votre zone de confort et passez assez de temps dans l'eau pour devenir un solide nageur.
– NAVSOC, *Naval Special Warfare Physical Training Guide*, p. 2

Types d'exercice

Sortir de sa zone de confort… Ce conseil est à mettre en pratique dès que l'on s'engage dans le conditionnement physique extrême. Trop souvent, les individus soucieux de leur condition physique se

Rester hydraté

Une perte de seulement 2 % des fluides corporels peut entraîner différents symptômes physiques, comme céphalée, fatigue, vertige et chute de tension.

contentent de pratiquer une gamme limitée d'exercices, puis s'étonnent de se sentir si peu en forme lorsqu'ils abordent un nouveau type d'épreuve. Ainsi, je suis moi-même capable de gravir en courant les reliefs les plus pentus, mais plusieurs longueurs de bassin à la brasse m'épuisent, parce que cela sollicite une gamme différente de groupes musculaires. D'où l'intérêt à pratiquer un entraînement « à large spectre », ciblant tous les aspects de votre développement physique.

En résumé, les quatre grands types d'exercices à pratiquer sont l'endurance, la force, l'équilibre et la souplesse. Ci-dessous, des activités représentatives pour chaque catégorie d'exercices :

Type d'exercices	Exemples
Endurance	Course
	Natation
	Cyclisme
	Randonnée
	Danse
	Sports de raquette
Force	Musculation
	Exercices de résistance (pompes, tractions, etc.)
	Activités de levée de poids (terrassement, construction, etc.)
Équilibre	Yoga
	Arts martiaux
	Pilates
Souplesse	Yoga
	Pilates
	Séance d'étirements complète

Course avec charge complète

Les soldats des forces spéciales doivent avoir l'endurance et la force nécessaires pour transporter une charge de 35 kg au pas de course, sur longue distance et terrain difficile. Il s'agit d'un excellent entraînement intensif pour un travail complet du corps.

Un bon programme d'entraînement doit incorporer au moins une activité de chaque type, ou bien associer des éléments de différents exercices en une séance. Dans la catégorie « endurance », pensez à associer activités aérobie et anaérobie. Les activités physiques aérobies sont celles qui exigent de l'oxygène pour alimenter les muscles sur une période de temps prolongée. La course, la natation, le cyclisme ou toute activité exigeant une respiration calme et profonde sur une durée prolongée sont considérés comme des activités aérobies. (Un bon repère est que l'on doit être capable, durant l'activité aérobie, de parler calmement par phrases courtes.) Mais certaines activités de haute intensité, comme le sprint, exigent des ressources en énergie dépassant celles offertes par la respiration. Dans ce cas, nos muscles brûlent des sucres pour produire de l'énergie. (Ce processus produit de l'acide lactique, responsable d'une sensation de lourdeur et de fatigue dans les membres après une séance d'entraînement intensif.)

Aérobie et anaérobie

Pour être bien structuré, votre programme d'entraînement doit inclure des éléments aérobie et anaérobie. Vous pouvez associer deux types d'exercices, comme la course et les arts martiaux, ou combiner aérobie et anaérobie dans une même activité, par exemple en intégrant des sprints à une course d'endurance. Ainsi, vous créez une forme d'entraînement fractionné (avec élévation de la fréquence cardiaque à son maximum durant un court laps de temps) excellent pour l'endurance et source de bienfaits annexes, comme la perte de poids.

Le *Naval Special Warfare Physical Training Guide* propose des conseils sur le régime d'entraînement hebdomadaire des postulants soucieux de développer leur condition physique générale. Le manuel résume une semaine type d'entraînement :

- *1 exercice d'effort léger sur longue distance en course et en natation*
- *1 exercice continu de haute intensité en course et en natation*
- *1 exercice fractionné en course et en natation*
- *4 à 5 séries de calisthenics*
- *4 à 5 séries d'entraînement de force. 2 à 3 séries pour le haut du corps et le bas du corps*
- *4 à 5 séries d'exercices de gainage musculaire*
- *Séance quotidienne d'étirements*
- *Exercices pour la prévention de blessure spécifique si nécessaire*

– NACSOC, *Naval Special Warfare Physical Training Guide*, p. 2

Loin d'approcher l'intensité auquel est soumise une recrue lors du BUD/S, cette préparation n'en est pas moins

Puissance du tronc

Le renforcement des muscles profonds de la région lombo-pelvienne est essentiel au maintien de la stabilité, de la souplesse, de l'équilibre et des réflexes.

un bon modèle pour un programme hebdomadaire. Toute préparation intense doit intégrer un temps de récupération adapté. Le programme d'entraînement sur 26 semaines recommandé par le Naval Special Warfare Command (NSWC) propose une activité cardio et une activité du lundi au samedi, avec le dimanche comme jour de récupération et de repos complet. Comme précisé avec insistance au chapitre 8, ne négligez pas le temps de repos qui permet au corps de se renforcer et de récupérer.

BUD/S

Le candidat qui réussit tous les tests de présélection et qui répond aux exigences de la procédure d'habilitation de sécurité (notamment en faisant

Navy Seals – exercice de gainage : le pont

- Allongez-vous sur le dos, genoux fléchis, pieds positionnés à environ 25 cm des fesses.
- Tendez les bras de chaque côté ou repliez-les sur la poitrine, en maintenant le bassin en position neutre.
- Décollez les hanches du sol, de façon à obtenir un alignement des genoux, des hanches et des épaules.
- Décollez le pied droit du sol et tendez la jambe, de façon à obtenir un alignement de l'épaule, de la hanche, du genou et du pied.
- En même temps, supportez le poids du corps en contractant les fessiers et les ischio-jambiers de la jambe gauche. Veillez à maintenir le bassin en position neutre à l'horizontale, en évitant tout effondrement du côté sans appui.
- Maintenez la contraction 3 à 4 secondes, avant d'abaisser le bassin au sol et de ramener les deux pieds en position initiale.
- Décollez le pied gauche du sol et tendez la jambe, en supportant le poids du corps sur la jambe droite. Comme précédemment, maintenez la contraction 3 à 4 secondes. Poursuivez l'exercice en alternant le travail d'une jambe à l'autre.

preuve de sa bonne moralité) est admis à l'entraînement des Navy Seals. La première étape se résume à une préparation de deux mois au BUD/S à la Naval Special Warfare Preparatory School de Great Lakes, dans l'Illinois. L'établissement dispose de nombreuses infrastructures athlétiques, destiné à préparer les postulants. Dès le début, le programme du PST abordé plus haut est porté à un niveau d'intensité accru :

- Nage sur 940 m avec palmes (en 20 minutes ou moins)
- Pompes : au minimum 70 (en 2 minutes maximum)
- Tractions : au minimum 10 (en 2 minutes maximum)
- Redressements assis : au minimum 40 (en 2 minutes maximum)
- Course de 2,4 km avec rangers et treillis (en 31 minutes ou moins)

Tout candidat qui échoue à ces tests est réaffecté à un poste différent au sein de l'US Navy. Chez les Navy Seals, il est rare de se voir offrir une seconde chance lors de la sélection.

Progressivement, la préparation au BUD/S hausse le niveau de condition physique exigé, avant une formation de trois semaines à l'orientation basique, au Naval Special Warfare Center de Coronado, en Californie. Là encore, le rythme s'accélère, avec pour objectif d'acclimater la recrue au vrai choc du BUD/S, débutant par un programme de conditionnement physique basique de sept semaines.

Malgré son nom, ce programme « basique » est un des plus exigeants qui soient sur le plan de la force physique. Les journées sont ponctuées par des courses toujours plus éprouvantes (avec ou sans charge), des parcours d'obstacles, des épreuves de natation (en piscine et en mer, sur des distances de plusieurs kilomètres) et un parcours du combattant. Les défis les plus exigeants incluent un parcours en rampant sur plusieurs centaines de mètres dans une boue collante et glacée en bord de mer, ou encore une station couchée prolongée dans une zone de ressac, jusqu'à ce que la chute de la température corporelle se rapproche du seuil hypothermique.

Survivre à la « semaine en enfer »

La quatrième semaine est surnommée la « semaine en enfer ». En cinq jours et demi, les candidats ne dorment que 4 heures au total et s'entraînent en moyenne 20 heures par jour. Ils font au pas de course près de 320 km au total et nagent sur près de 10 km, jusqu'à l'épuisement et la perte de toute énergie. Les recrues doivent consommer jusqu'à 7 000 kcal par jour, mais perdent malgré tout du poids.

Durant cette semaine, le taux d'abandon peut atteindre 75 %.

Parcours du combattant

Obstacles à franchir et défis à relever apportent ce surplus de motivation parfois nécessaire pour repousser ses limites et aller de l'avant. La compétition est aussi source d'un sentiment d'accomplissement et de dépassement de soi.

Épreuve du ressac

Les militaires américains intègrent souvent des épreuves de groupe à leur entraînement pour développer esprit d'équipe et motivation chez les recrues. Lors de l'épreuve du ressac, les soldats se soutiennent mutuellement dans leur lutte contre le stress et les effets d'un froid extrême.

Les instructeurs tentent les recrues en promettant nourriture et couvertures à ceux qui déclareraient forfait. Cela éprouve la résistance mentale et teste aussi l'aptitude au travail d'équipe.

Être un Seal, autrement dit membre d'une unité d'élite, c'est penser collectif avant tout. Pas question pour les instructeurs de conserver un individu centré sur sa seule survie.

Viennent ensuite sept semaines d'entraînement en milieu aquatique, le Combat Diving. Au cours de cette période, les recrues sont rarement

hors de l'eau. Les candidats sont initiés aux techniques de plongée avec circuit ouvert et fermé, mais les instructeurs cherchent à repérer ceux qui font preuve d'aisance dans l'eau et d'une capacité à l'action dans un environnement stressant. Ceux qui « ne se sentent pas totalement à l'aise dans l'eau ont souvent plus de mal à réussir » (voir site internet des US Navy Seals). Lors de l'« épreuve de la noyade » ou *drown-proofing*, une des plus stressantes, les candidats sont plongés dans une piscine, pieds et poings liés. (Les mains sont liées dans le dos, pour ajouter à l'inconfort de la situation). Ils doivent alors effectuer une série d'exercices, tout en évitant la noyade :

- Plonger et remonter 20 fois de suite, en se propulsant du fond de la piscine.
- Flotter 5 minutes, en sollicitant la flottabilité naturelle du corps, afin d'éviter la noyade.
- Nager pour rejoindre le côté le moins profond de la piscine, se retourner sans toucher le fond, puis rejoindre le côté opposé.
- Réaliser une roulade avant et arrière sous l'eau.
- Récupérer un masque de plongée au fond de la piscine, à l'aide de ses dents.

Cette épreuve est conçue autant pour vaincre la sensation de panique que comme un entraînement au secourisme. Les instructeurs repèrent les individus capables de conserver leur sang-froid et de rester concentrés sur l'objectif, quelles que soient les pressions psychologiques ou environnementales.

Épreuve de la noyade

Cette épreuve de l'extrême teste le stress sous la pression et développe maîtrise de soi et endurance, deux qualités essentielles pour un Navy Seal.

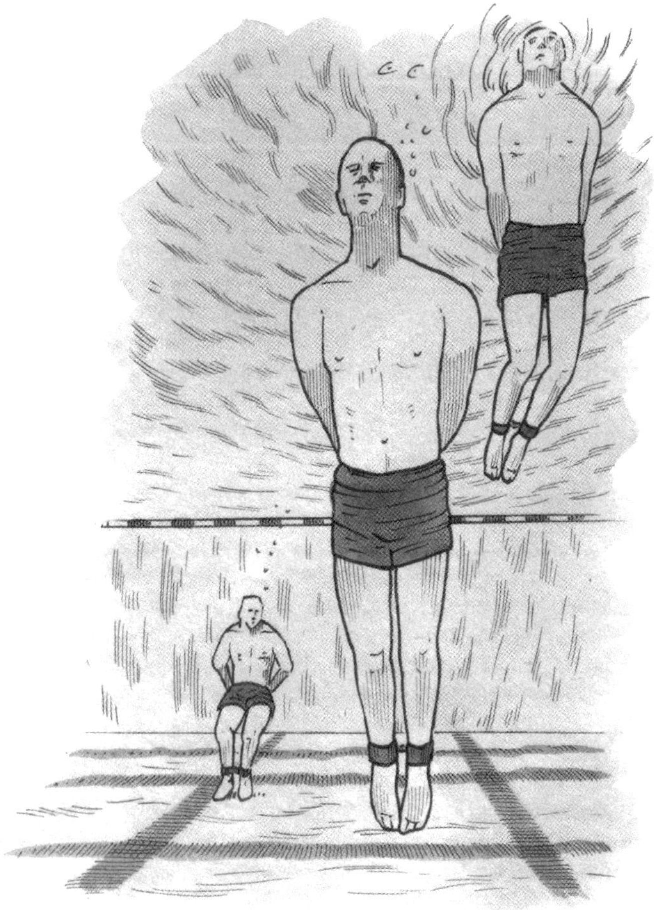

Le programme Combat Diving initie les candidats à toutes sortes d'épreuves en milieu aquatique, notamment au débarquement sur une côte rocheuse en pleine tempête, un long parcours dans une eau à visibilité réduite, et d'autres tests d'endurance au froid, comme l'épreuve du ressac. Le candidat qui parvient à franchir cette phase entame un programme de sept semaines, dédié au combat terrestre ou Land Warfare Training (LWT), pour s'initier aux tactiques d'infanterie et au maniement des armes, avant l'étape du SEAL Qualification Training (SQT).

Lors de cette ultime phase, les rares candidats encore en lice acquièrent les compétences militaires requises pour être opérationnel dans une unité des Navy Seals. L'entraînement inclut : saut en parachute, programme Survive, Evade, Resist, Extract (SERE), opérations en milieu « grand froid », premiers secours en situation de combat, tactiques de débarquement et coordination avec les frappes aériennes. L'entraînement au sol et en milieu aquatique se poursuit, mais avec une plus grande attention portée au développement de compétences tactiques et la mise à l'épreuve de la créativité et des capacités d'adaptation. Ceux qui franchissent ces étapes reçoivent leur trident, insigne des Navy Seals, et sont affectés à une unité au sein des forces spéciales de la marine des États-Unis.

Exercice irrégulier

Selon le témoignage d'un ancien Navy Seal, survivre au BUD/S est surtout une question de force mentale et de résilience, car la condition physique ne suffit pas. (Voir chapitre 7 pour d'autres témoignages d'anciens Navy Seals). La nature même du BUD/S soulève une question importante sur la préparation aux épreuves de conditionnement physique extrême – une préparation faite de ce que j'appellerais l'« exercice irrégulier », et basée sur la pratique de différents types d'exercices évoqués plus haut.

De nombreux sports d'endurance exigent une régularité dans le mouvement. Ainsi, dans les épreuves de marathon, le principal défi est de garder le rythme en plaçant toujours un pied devant l'autre, quelle que soit la topographie du terrain ou le nombre d'heures écoulées. Lors d'une nage de 10 km, le sportif doit conserver le même style de nage et répéter ses mouvements inlassablement pour se propulser dans l'eau. Ces épreuves sont de vrais défis physiques. Elles testent l'endurance humaine, mais surtout notre capacité à exécuter des mouvements répétés. Néanmoins, les athlètes de ces disciplines confrontés à des activités impliquant des séries aléatoires de mouvements irréguliers ont plus de difficultés.

Pour preuve, la série britannique *SAS : Are You Tough Enough ?*, au cours de laquelle des sportifs civils

Les recrues sont préparées à relever tous les défis dans la perspective du combat. La descente en rappel exige force et confiance en soi.

Monkey Bars

Le travail aux *monkey bars* développe la force du haut du corps et la détermination. En ciblant des groupes musculaires au cours de vos séries, comme ceux des bras, des abdominaux ou des jambes, vous laissez à vos muscles un temps de récupération essentiel.

Entraînement en prévision de situations réelles

Se préparer au combat exige beaucoup de détermination, de ténacité, de force et d'endurance physique. Les recrues doivent aussi faire preuve d'un grand sens moral, tout aussi important lors de déploiement en zone de guerre.

aguerris ont participé à une compétition calquée sur la procédure de sélection des forces du Special Air Service (SAS). Tous les participants, amateurs de compétitions de marathon, triathlon et Ironman, avaient une condition physique optimale. Les épreuves mêlaient tests d'endurance physique et défis tactiques. Comme à l'issue de l'épreuve de sélection du SAS, peu de participants ont bouclé la course d'entraînement, malgré une forme physique hors du commun. On peut se demander pourquoi.

Une simple observation permet de comprendre que l'introduction de différents facteurs rompt la régularité de l'exercice. Ainsi, parmi les participants se trouvaient des sportifs habitués à courir des kilomètres sur terrain plat. Mais l'ajout d'un sac à dos de 25 kg et un parcours tout-terrain ont clairsemé les rangs. Le sac à dos influe sur le centre de gravité du corps, obligeant les muscles profonds de la région abdominale et du haut du corps à travailler sans cesse pour maintenir le torse droit, ce qui ajoute une perte sévère en énergie.
Le parcours empruntait des terrains à la fois escarpés et périlleux, où se succédaient touffes d'herbes, rochers, ornières et autres obstacles interdisant la mise en place d'une cadence de course régulière, et où les blessures comme les torsions de chevilles ou de genoux représentaient une menace continue. Les conditions imposées forçaient les participants à un travail constant des muscles de tout le corps, à des ajustements aléatoires et, pour beaucoup, à un exercice irrégulier et peu familier, sans oublier le poids du sac à dos à supporter… Ce qui au final faisait beaucoup.

Un programme d'exercice inventif

Ce programme, comme l'entraînement des forces spéciales en général, montre tout l'intérêt de l'« exercice irrégulier ». En introduisant dans notre programme des épreuves basées sur des exercices irréguliers, nous améliorons notre condition physique générale, mais aussi notre endurance. À vous de faire preuve d'imagination. Ainsi, le tracé de mon parcours de trail inclut une section où se trouve un amoncellement de rochers, de plusieurs kilos pour certains. Le transport de quatre ou cinq de ces rochers (un à la fois, bien entendu) à l'assaut d'une pente boueuse de 50 m est un exercice plus éprouvant que des kilomètres de course à une cadence régulière.

À votre tour d'imaginer des moyens d'adapter votre entraînement pour y intégrer quelques exercices irréguliers, qui vous forceront à sortir de votre zone de confort. Les exercices peuvent être très simples, comme le transport de matériaux de construction aux formes irrégulières, en suivant un parcours sinueux, ou le recours à des techniques d'entraînement comme celle qui consiste à ramper dans la boue. Quelle que soit l'option choisie, veillez à ce que la pratique de

Sous le feu

Il est pratiquement impossible de prévoir votre réaction face à un stress extrême, comme se retrouver sous le feu de l'ennemi. Dans ce cas, la force mentale qui vous pousse à avancer doit être équivalente à votre force physique, car ne rien faire serait synonyme de capture ou de mort.

l'exercice soit sans danger. Introduisez ces techniques progressivement, afin de limiter les risques de blessures.

L'entraînement des forces spéciales est une source d'inspiration en matière d'exercices irréguliers. Chez les Royal Marines britanniques, après les épreuves de sélection, le maintien des standards requis par la 3e Brigade de Commandos n'a rien d'une partie de plaisir. L'entraînement commando s'étale sur 32 semaines pour les simples soldats et 64 semaines pour les officiers. Le taux d'échec excède 75 %. Les Royal Marines sont spécialisés dans les opérations en milieu extrême, notamment dans le grand froid. L'entraînement inclut l'immersion dans des lacs gelés en Norvège arctique. La recrue, lestée par son paquetage, doit s'extraire du trou creusé dans la glace en sollicitant uniquement ses bâtons de ski et le poids de son corps.

Les Royal Marines ont mis au point leur propre série de tests pour évaluer les postulants à l'entraînement et les soldats sous leur commandement. Certains de ces tests mentionnés dans une publication de 2011, *Royal Marine Fitness Tests* (disponible en ligne à l'adresse www.royalnavy.mod.uk/custom/navy/trainingtool.html), peuvent être utiles aux civils souhaitant diversifier leur programme de conditionnement physique extrême.

Les Representative Military Tests (RMT) des Royal Marines sont un premier exemple des tests conçus pour « évaluer la vitesse, l'endurance et la force musculaire des troupes » à travers différentes activités aérobies, associées à d'autres tests physiques des Royal Marines, ou en rapport avec l'entraînement. Ces tests ne sont pas pratiqués en tenue de sport, mais en tenue de combat CS95, avec rangers, équipement complet

Série (a)	Test (b)	Conditions (c)	Logique de l'activité (d)
1.	Transport d'une personne au-dessus de l'épaule sur 100 m en terrain plat	Arme en bandoulière, délai de 45 secondes, avec un partenaire de taille/poids équivalent au sien	Simulation d'évacuation d'un blessé. Test de la force du haut et du bas du corps
2.	Réussir ½ retour sur une seule corde	Corde à 2,25 m minimum du sol, arme en bandoulière	Test d'agilité au combat et de force du haut du corps
3.	Transport de 2 jerricans de 20 kg sur 150 m	Arme en bandoulière	Réapprovisionnement en carburant/eau, poids d'une civière portée à deux
4.	Course navette – 5 x 20 m en 56 secondes	Port de l'arme. Adopter une position couchée au niveau des plots à 20, 40, 60 et 80 m.	Test d'endurance musculaire aérobie avec simulation d'attaque de section
5.	Montée et descente d'une corde de 9,14 m	Arme en bandoulière, technique de grimper correcte	Test d'agilité au combat et de force du haut du corps

– Royal Marines, *Royal Marine Fitness Tests*, p. 63

et une arme (fusil d'assaut SA80), pour un poids total de 13,22 kg. Le tableau ci-dessus présente un récapitulatif de ces tests.

Les activités décrites représentent bien les principes d'exercices irréguliers détaillés plus haut. Les épreuves sont assez proches de situations auxquelles le soldat peut être confronté en zone de conflit, comme l'évacuation d'une victime ou le transport d'une civière sur le champ de bataille. De multiples aspects sont testés, comme la force du haut du corps, celle du bas du corps, la condition physique anaérobie et l'endurance aérobie. La recrue effectue l'épreuve lestée de son équipement personnel et de son arme portée en bandoulière, avec de lourdes sangles freinant l'oxygénation des membres et accentuant du même coup la fatigue.

Escalade de glace

L'endurance requise pour gravir une paroi de glace est accentuée par la rigueur extrême du climat. L'air glacial rend l'oxygénation plus difficile, ajoutant au défi de ce test physiquement éprouvant.

Course avec civière

L'entraînement militaire s'applique à reproduire les conditions du terrain. La course avec civière teste le travail d'équipe, l'endurance et la vitesse des soldats soumis à la pression.

Vous pouvez intégrer plusieurs de ces exercices à votre programme de conditionnement physique, notamment si vous avez un partenaire. À deux vous pourrez entreprendre des courses d'endurance en transportant par exemple sur l'épaule une longue section de canalisation, ou porter à tour de rôle de lourdes charges, comme des jerricans remplis d'eau. Seul, entraînez-vous en tenue et équipement paramilitaires, par exemple lesté d'une ceinture plombée et d'un sac à dos, en transportant un objet d'une taille et d'un poids équivalents à ceux d'un fusil d'assaut. Tout ce qui exigera de nouveaux efforts physiques améliorera votre entraînement. Une fois encore, évitez d'intégrer des exercices trop extrêmes en tout début de programme. L'exercice irrégulier est souvent synonyme d'augmentation du risque de blessure, notamment des genoux, des chevilles et des muscles dorsaux, d'où l'importance de s'adapter progressivement à cette nouvelle forme d'entraînement.

Les leçons de l'élite

Intéressons-nous désormais au programme d'entraînement d'autres forces d'élite, en passant en revue de nouvelles formes d'exercices, susceptibles d'être mis en application dans un cadre non militaire. Revenons aux Royal Marines et aux quatre dernières épreuves commando des recrues en fin d'entraînement,

Franchissement de mur

La course à obstacles développe l'entraide et sollicite différents groupes musculaires.

toutes plus sélectives les unes que les autres sur le plan de l'endurance. Le site internet consacré aux Royal Marines décrit ainsi ces épreuves :

- **Course d'endurance** – *vous progresserez le long d'un parcours de 3,2 km empruntant tunnels, mares, cours d'eau, tourbières et bois, puis ferez 6,4 km au pas de course en équipement de combat, avec votre arme, pour revenir au camp de base en moins de 72 minutes. Vous effectuerez ensuite une séance de tir sur cible et devrez réussir 6 coups sur 10.*
- **Marche de 14,4 km** – *à boucler en 90 minutes, avec équipement complet et fusil d'assaut.*
- **Tarzan Assault Course** – *tyrolienne, parcours acrobatique en hauteur, parcours du combattant et franchissement d'un mur de 9,1 m, à boucler en 13 minutes, avec équipement complet et fusil d'assaut.*
- **Marche de 48,2 km** – *une marche de 48,2 km à travers le Dartmoor, à boucler en moins de 8 heures, avec équipement complet et fusil d'assaut. Les officiers devront boucler le parcours en 7 heures.*

– www.royalnavy.mod.uk/Careers/Royal-Marines/How-To-Join-the-Marines/RM-Commando-Training

Les quatre derniers défis font alterner course d'endurance et course à obstacles, et incluent chacun des éléments éprouvant le mental et le physique. Ainsi, la course d'endurance compte un tunnel immergé, le long duquel le candidat, déjà essoufflé par les épreuves précédentes, doit ramper avec son équipement complet. La Tarzan Assault Course met les nerfs du candidat à rude épreuve et l'oblige à un engagement total, en dépit de la peur d'une blessure.

Les militaires sont souvent adeptes des courses à obstacles, et l'on comprend aisément pourquoi. Ce type d'épreuve n'a pas son pareil pour épuiser l'énergie et solliciter les principaux groupes musculaires en multipliant les défis : parcours acrobatique aérien, grimper de corde, passage de troncs ou de pneus au pas de course, franchissement de murs, extractions de fosses en rampant… Ces parcours stimulent l'esprit de compétition, chacun tentant de signer le meilleur temps, mais certains obstacles ne peuvent être franchis sans un effort commun, ce qui encourage l'entraide.

D'autres épreuves exigent du cran, comme le Trainasium du Régiment d'infanterie parachutiste britannique, un parcours aérien à 17 m au-dessus du sol. Sans filet de sécurité, le candidat doit effectuer une série de sauts vertigineux, entre des plateformes situées à différentes hauteurs, sous l'œil de formateurs

Travail d'équipe

Certains défis ne peuvent être relevés sans un travail d'équipe.

Terrain difficile

Progresser sur certains terrains, comme dans les cours d'eau ou la boue, peut être éreintant. Impossible d'avancer sans faire preuve de contrôle de soi et d'instinct de survie.

impitoyables qui guettent la moindre hésitation ou perte de contrôle de soi.

Les courses à obstacles renforcent l'adaptabilité physique et l'esprit de compétition indispensables au développement d'une condition physique optimale. Elles sont aussi pour certains l'occasion de découvrir l'esprit d'équipe, ce qui revêt toute son importance pour participer à une épreuve de conditionnement physique extrême par équipe – rien n'est pire que de découvrir sur un parcours du combattant que vous n'arrivez pas à travailler avec autrui.

En cherchant un peu, vous devriez trouver dans votre région des infrastructures de parcours du combattant. Commencez par vous renseigner sur Internet.

Exercices de la Ranger School

Voici des exercices d'entraînement physique recommandés par la Ranger School de l'armée américaine :

Floor wiper utilisez une barre de musculation lestée de poids adaptés, allongez-vous sur le dos et soulevez-la, comme lors d'un développé couché. Gardez les bras tendus et soulevez les jambes pour toucher des pieds le disque gauche de l'haltère. Ramenez les jambes au sol. Reproduisez le mouvement à droite. Répétez l'exercice.

Un 8 avec kettlebell utilisez un kettlebell d'un poids adapté, tenez-le d'une main et faites-le passer dans l'autre, en décrivant un « huit » entre vos jambes.

Lancer de médecine-ball lancez un médecine-ball de 9 kg aussi loin que possible et courez pour le rattraper. Répétez l'exercice.

Lancer de médecine-ball contre un mur face à un mur, pieds à la largeur des épaules, calez un médecine-ball de 9 kg sous votre menton, en posture de squat parallèle, puis étirez-vous, jusqu'à vous retrouver en position debout. Projetez alors le médecine-ball vers le mur, à 3 m de distance. Rattrapez-le et répétez l'exercice.

Saut en profondeur debout, sur une plateforme de 46 cm, laissez-vous tomber et, dès que vos pieds touchent le sol, adoptez la posture d'un squat complet, avant de vous redresser et d'enchaîner par un saut sur place, aussi haut que possible.

Relevé turc allongé au sol sur le dos, tenez un kettlebell à bout de bras, à hauteur d'épaule. Relevez-vous, puis revenez en position couchée, en tenant le kettlebell à bout de bras. Répétez l'exercice.

Thruster posez une barre de musculation sur vos épaules, mains à la largeur des épaules. Placez-vous en squat parallèle et poussez pour remonter. La barre de musculation suit le mouvement et se positionne au-dessus de la tête. Abaissez la barre et répétez l'exercice.

Les squats sont bons pour le bas du corps. Les squats latéraux font travailler les muscles glutéaux, les ischio-jambiers et les mollets.

Secours héliportés

L'entraînement des forces spéciales gagne progressivement en difficulté et en risque. Les secours héliportés exigent un formidable travail d'équipe, du courage et beaucoup de force dans le haut du corps.

Les obstacles du parcours doivent associer différents types de défis afin de développer endurance, force, santé cardiovasculaire, gainage musculaire et souplesse. Vérifiez qu'ils puissent être adaptés à différents niveaux de forme physique. Assurez-vous que les équipements proposés répondent aux normes de sécurité, mais aussi que le site propose les services d'entraîneurs qualifiés, aptes à vous guider le long du parcours. Évitez les parcours trop fréquentés, sachant qu'un maximum de huit coureurs sur un parcours est un nombre idéal.

Boot Camp et entraînement SERE

D'anciens militaires proposent des stages commando, ou *boot camps*. La nature de ces stages est très variable, de la pratique d'exercices modérés ciblant une perte de poids à un entraînement intensif inspiré des forces spéciales. Certains stages empruntent des éléments à des programmes d'entraînement, comme celui du SERE (Survive, Evade, Resist, Extract). Avant d'être soumises aux épreuves du SERE durant quatre semaines, les futures recrues des SAS britanniques doivent avoir survécu à quatre mois d'une impitoyable préparation. Les épreuves de la phase initiale de l'entraînement, celle de l'endurance, sont entrées dans la légende. Elles atteignent leur apogée lors de la Long Drag, une marche forcée dans les montagnes des

Page ci-contre: évoluer le long d'une corde exige sang-froid, équilibre et technique. La perte d'équilibre d'une personne peut envoyer à terre toutes les autres.

Brecon Beacons, à boucler en moins de 20 heures, lesté de quelque 25 kg d'équipement, tout en menant à bien de complexes missions d'orientation.

En fin de phase d'endurance, près de 60 % des candidats auront été éliminés. La sélection se poursuit avec quatre semaines de formation aux techniques de combat par petites unités tactiques avancées, avant les six semaines consacrées aux techniques de survie dans les forêts tropicales humides de Bornéo.

Le candidat toujours dans la course se préparera aux quatre semaines du SERE. Au cours de ce programme sont approfondies les techniques de survie en milieu hostile, mais aussi d'évasion, de capture et de conduite à tenir sous la pression d'un interrogatoire. Lors de cet entraînement des plus réalistes, les candidats lâchés en pleine campagne sont traqués durant des kilomètres par des forces disposant d'un équipement hautement sophistiqué. Presque tous sont capturés et soumis à des formes « douces » de torture mentale et physique (comme la privation de sommeil ou l'obligation à rester debout dans une posture inconfortable durant de longues périodes) avec pour objectif la divulgation d'informations.

Parvenir avec succès au terme de la formation SERE exige des nerfs d'acier et il est toujours surprenant de voir des individus s'y engager de leur plein gré. Ces formations, proposées par des sociétés privées, s'adressent essentiellement à des entrepreneurs civils ou à des militaires affectés dans des régions à risque, mais aussi à tous les esprits aventureux.

Une formation SERE apporte un élément inédit à un programme de conditionnement physique, à condition d'avoir du temps, de l'argent et assez d'envie pour se lancer dans ce défi. Vous parcourrez de longues distances en mettant à l'épreuve votre intelligence pour solutionner problèmes d'évasion et d'orientation. Si vous êtes capturé, votre endurance vous aidera à surmonter le stress de certaines épreuves physiques, tout en renforçant le contrôle de votre mental. Mais souvenez-vous que l'entraînement à la survie n'est pas nécessairement une forme de conditionnement physique extrême en soi (même si ces compétences sont appréciables lors d'épreuves en pleine nature).

Souvent, la survie est bien plus une question de stockage que de dépense d'énergie, mais aussi d'adaptation de son activité physique à un apport calorique largement diminué. Néanmoins, une formation SERE permet de tester ses limites, tout en acquérant des connaissances en matière de survie susceptibles d'être un jour mises en application.

380

Courses de l'extrême

La course, très appréciée, offre une incroyable variété de déclinaisons, des courses sur route aux ultramarathons, disputés sous des latitudes et des climats parmi les plus extrêmes au monde.

Tout soldat qui intègre les forces spéciales apprend à se servir de ses jambes. Courir, ou du moins marcher au pas de course, occupe une place majeure dans l'entraînement militaire, pour la simple et bonne raison que les jambes du soldat sont souvent le premier moyen de déploiement sur le champ de bataille. Ce qui différencie avant tout le coureur militaire de son homologue civil tient à la lourde charge qui leste sa course.

En 1982, lors de la guerre des Malouines, l'armée britannique perdit l'essentiel de ses hélicoptères de transport lourd Chinook, lorsque le navire commercial *Atlantic Conveyor* fut frappé et coulé par un missile Exocet. Privés de moyens de déploiement sur le terrain, les soldats du 2e régiment parachutiste et les Royal Marines crapahutèrent sur près de 90 km en trois jours, sous les pires conditions climatiques et en terrain difficile. Pour ajouter à l'épreuve, chaque homme transportait 36 kg de charge, entre le sac à dos, les munitions et l'armement.

Repousser les limites

La popularité de la course en général est simple à analyser. Courir est un sport accessible, exigeant peu d'équipement et un minimum d'entraînement. L'amateur peut

Page ci-contre : la course de l'extrême est un formidable outil de développement physique.

Course longue distance

Lors d'une course en groupe, adoptez votre propre rythme et non celui de ceux qui vous entourent. Boostés par l'adrénaline de la course, beaucoup ont tendance à partir trop rapidement, mais ne réussissent pas à maintenir ce rythme sur le long terme.

se contenter d'enfiler sa tenue et de sortir de chez lui. La course est aussi source d'indéniables bienfaits sur le plan de la santé :

- Élimination des calories (environ 400 kcal brûlées en 30 minutes)
- Réduction des risques d'ostéoporose avec l'âge
- Amélioration de la santé cardiovasculaire
- Réduction des risques de démence sénile

- Effets positifs sur la santé mentale, liés à une réduction du niveau de stress

La variété des épreuves permet à chacun de trouver un défi adapté à son niveau. Pour le néophyte, une course de 5 km représentera l'ultime défi à relever. Pour un coureur à l'ambition aussi démesurée que ses capacités d'endurance, un marathon de 42 km n'a rien d'extraordinaire.

(L'actuel détenteur du record du monde de marathon, le Kenyan Dennis Kimetto, a signé un temps phénoménal de 2 h 02 min 57 s.) Mais certaines épreuves de conditionnement physique extrême s'adressant à la communauté des coureurs font de l'ombre au marathon. En général, ces défis multiplient la distance d'un marathon classique et se disputent sur plusieurs jours, souvent sur terrains difficiles et dans des conditions climatiques où la marche seule serait épuisante. On retrouve parmi eux :

Marathon des Sables – une course épique de 6 jours et 251 km dans le Sahara, au sud du Maroc, sous plus de 40 °C.

Grant to Grant Ultra – un parcours sinueux de 237 km dans le désert de l'Utah. Cette course de 7 jours en autonomie exige des athlètes qu'ils transportent leurs provisions et équipements de survie. Le point culminant est à 5 791 m d'altitude.

Jungle Ultra – une course de 229,5 km dans la jungle du Pérou. Chaleur tropicale, taux d'humidité dévoreur d'énergie et faune hostile sont au programme, le tout sur un terrain multipliant les risques de claquage pour les chevilles.

Ultramarathon de Badwater – une course non-stop de 217 km à travers la vallée de la Mort, région la plus chaude de la planète, en juillet, mois le plus chaud de l'année. Le tracé traverse deux chaînes de montagnes.

Ces courses mythiques, et d'autres, sont des défis ultimes rarement égalés, tant sur le plan mental que physique. En termes de charge à transporter et de tactique, les membres des forces spéciales sont rarement confrontés à de telles courses, mais cela ne les empêche pas de repousser leurs limites.

Prenons l'exemple des courses/marches de sélection du Special Air Service (SAS). La recrue est d'abord soumise à des tests d'évaluation de sa condition physique, à commencer par une course contre la montre. La première semaine d'initiation est le prélude d'un mois d'entraînement hyper exigeant, mettant à l'épreuve l'endurance et l'orientation. Cette phase est ponctuée par deux épreuves majeures, la « Fan Dance » et la « Long Drag ». La Fan Dance fait référence au Pen Y Fan (886 m), point culminant des collines des Brecon Beacons, dans le sud du pays de Galles. La Fan Dance est une marche d'endurance de 24 km, alternant ascensions et descentes sur un terrain escarpé, où l'orientation joue un rôle déterminant. La progression s'effectue lesté d'un sac à dos de 15 kg, sans compter le fusil d'assaut. Ceux qui parviennent à boucler cette épreuve enchaînent avec la Long Drag, une course de 64 km à achever

Courir avec un sac à dos

Assurez-vous de placer le sac aussi près que possible de votre centre de gravité. Inclinez-vous légèrement en avant pour soulager la charge pesant sur les sangles. Raccourcissez la longueur de votre foulée.

en 20 heures, avec une charge de 25 kg et un fusil d'assaut.

Inutile de préciser que ces défis de l'extrême conduisent à de nombreux abandons. La phase endurance se déroule en hiver et au cœur de l'été, deux saisons apportant chacune leur lot de problèmes pour les recrues. Dernièrement, le Special Air Service a été propulsé sur le devant de la scène en raison du décès de trois recrues, suite à une hyperthermie (coup de chaleur), alors qu'ils tentaient de boucler leur marche d'endurance un jour de forte chaleur. De telles tragédies témoignent de la pression physique exercée sur les postulants au SAS. Tous étaient membres de l'armée de réserve ou de l'armée régulière britannique, et certains avaient même effectué des missions en Afghanistan.

Les épreuves d'entraînement des forces d'élites sont aussi exigeantes que les ultramarathons présentés plus haut. Le participant doit garder un rythme régulier durant plusieurs heures, tout en puisant dans ses ressources cardiovasculaires, sa force musculaire et un mental d'acier. Ce chapitre passe en revue les moyens de parvenir à un tel niveau d'endurance.

Mécanique de la course

En préambule, étudions d'un peu plus près la cinétique de la course. Les hommes courent depuis toujours, comme en attestent les références faites à des coureurs de fond dès l'Antiquité, mais ce n'est que depuis quelques décennies que la mécanique de la course a été scientifiquement analysée. Les entraîneurs ont en main les chiffres et les données de la condition physique optimale exigée pour courir.

La course diffère de la marche rapide dans le fait que, lors de la course, durant un bref instant, les deux pieds se retrouvent décollés du sol. (Lors de la marche, un des deux pieds est toujours au contact du sol.) Si cette action basique est partagée par tous les coureurs, les styles de course et leur efficacité varient largement. En étudiant les principes qui définissent un style de course efficace, on parvient à corriger ses erreurs. Un tapis de course et un miroir (ou un partenaire pour vous filmer) sont indispensables pour améliorer votre style, à moins de courir au côté d'un partenaire disposant de quelques connaissances en la matière.

Pour adopter un style de course efficace sur le plan de l'endurance, retenez les points clés suivants :

- Gardez le torse droit, tout en vous inclinant légèrement vers l'avant, avec la nuque tendue naturellement vers le haut. Évitez de courber le dos (pour ne pas gêner l'extension naturelle des hanches) ou de trop incliner le cou vers l'avant (sous peine d'entraîner à la longue une tension musculaire).
- Propulsez-vous en poussant sur la pointe des pieds, tout en laissant la plante s'enrouler naturellement au moment où s'applique la force. La poussée doit s'exercer vers l'avant, plutôt que vers le haut, afin de générer une vitesse maximale.
- Gardez les coudes fléchis à 90°. Balancez les bras d'avant en arrière, en ligne droite, à partir des épaules et non des coudes. Ne placez pas les bras trop haut ou trop bas, sous peine de tension musculaire, et évitez de croiser les bras.
- Au contact du pied avec le sol, le genou doit être légèrement fléchi. Le mollet doit rester perpendiculaire au sol, et le point d'impact doit rester au plus près de l'axe du corps,

Technique de course

Pour courir, inclinez légèrement le torse vers l'avant, maintenez la tête droite et balancez les bras d'avant en arrière, sur les côtés du corps.

Presse à quadriceps

Idéale pour développer les quadriceps, la presse renforce aussi tous les muscles de soutien du genou. De quoi prévenir les blessures du coureur, notamment de type syndrôme rotulien.

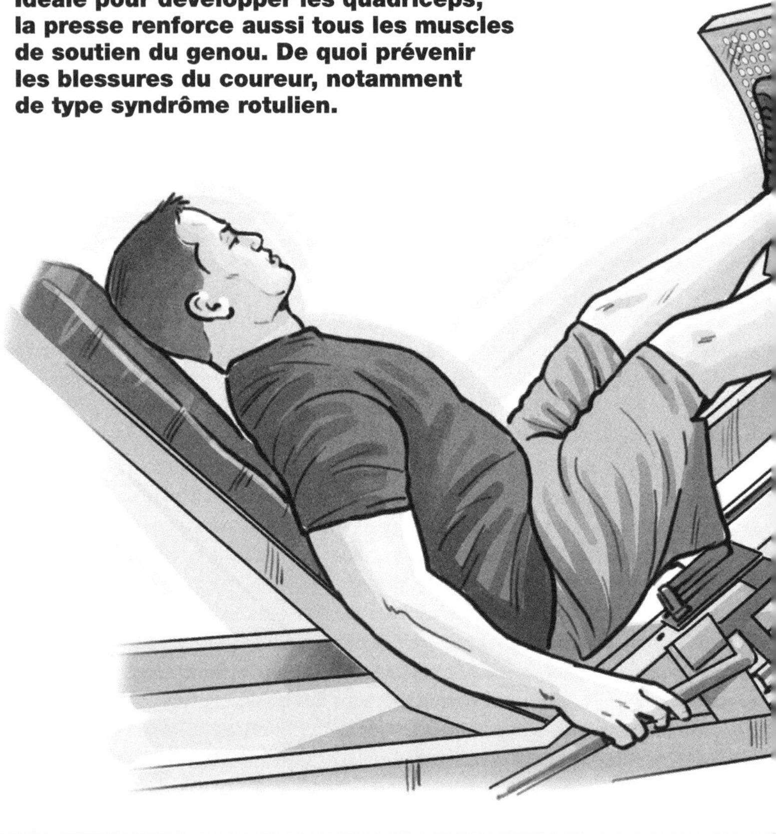

autrement dit à mi-foulée. N'adoptez pas une foulée trop longue, qui vous oblige à poser le talon au sol trop en avant du corps. La technique serait peu efficace et multiplierait les risques de blessures d'impact.

- Lors d'une course d'endurance, évitez de lever les genoux trop haut, comme les sprinteurs.

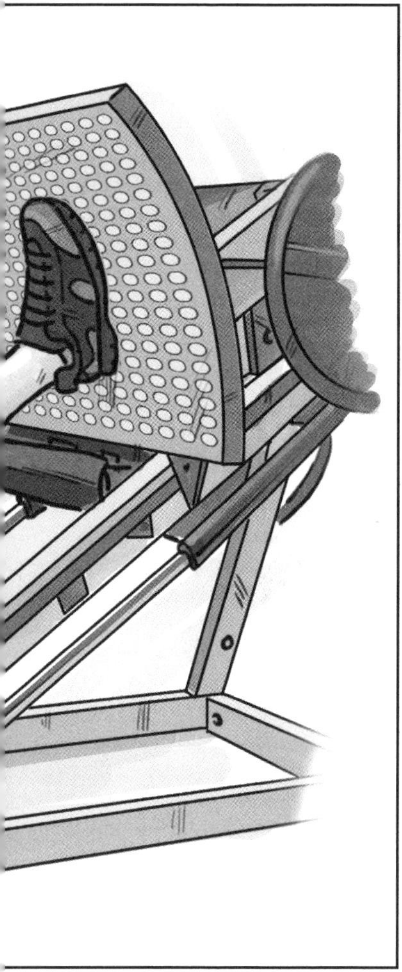

Pour ceux qui ont assez de temps et d'argent, de nombreuses salles de sport proposent un service d'évaluation et de correction de votre technique de course. En analysant votre style sur un tapis de course, un entraîneur saura repérer vos points faibles et vous corriger pour redynamiser votre course et votre chrono. À titre d'exemple, voici quelques-unes des erreurs techniques les plus fréquentes :

Impact trop lourd – évitez de courir en soumettant le talon à un impact trop lourd. Cela peut provoquer une gamme de blessures douloureuses liées à un stress mécanique.
Ne poussez pas votre jambe trop en avant (souvenez-vous que le point d'impact doit rester au plus près de l'axe du corps) et assurez-vous de toujours poser la plante du pied au sol, plutôt que de frapper du talon.

Mouvement limité – à l'inverse, le coureur fait ici preuve d'une faible amplitude de mouvement, autant au niveau des bras que des jambes, d'où une foulée poussive. Si l'impact sur le plan physique reste faible, il peut néanmoins être source de blessures à la longue, notamment de périostite ou de problèmes de genou. Décollez les talons pour compenser et initiez le mouvement de la jambe à partir de la cuisse et des fessiers.

Mouvement ascendant – débarrassez votre course des rebonds verticaux, qui augmentent le risque de blessures d'impact et ralentissent votre course considérablement. Il s'agit de se propulser vers l'avant, non vers le haut. Augmentez la cadence de mouvement des bras pour trouver un meilleur rythme au niveau des jambes et concentrez-vous sur un mouvement de poussée en prenant appui au sol afin d'éviter les rebonds.

Mouvement des bras désordonné – vos bras participent à la course, le rythme et la régularité de leur mouvement se reflètent dans votre foulée. Perdre le contrôle du mouvement des bras affecte la vitesse et entraîne une tension dans les lombaires et les hanches. Une désynchronisation entre mouvements des bras et des jambes intervient souvent au moment où le coureur fatigue. Concentrez-vous et veillez à maintenir un mouvement des bras régulier et rythmé, avec un placement correct de ces derniers. Consacrez un peu de temps à la pratique d'exercices de renforcement du haut du corps, de façon à disposer de la force musculaire nécessaire au maintien de la posture des bras tout au long de la course. Attention à ne pas balancer et croiser les bras à l'avant du corps. Entraînez-vous à maintenir un mouvement de balancier des bras sur les côtés du corps, en vérifiant ce mouvement face à un miroir par exemple.

Travaillez assidûment le gainage, fondamental pour améliorer vos performances en course, quelle que soit l'épreuve. Pratiquez l'entraînement croisé pour gagner en vitesse et en endurance. La natation et le cyclisme auront un impact positif sur votre endurance. Associés à la course, ils vous aideront à développer un physique complet et équilibré, moins vulnérable à la fatigue. La musculation est aussi bénéfique. Privilégiez les exercices ciblant les épaules, les abdominaux, la région lombaire et les fessiers, et complétez par des séries d'extension des jambes à la machine et de presse, pour gagner en force.

Équipement

Chaussures de course à pied
L'équipement, sophistiqué à l'extrême, a bénéficié des progrès de la science. Aujourd'hui, le coureur en quête d'une paire de chaussures est confronté à une incroyable diversité. Mes recommandations ne sont données qu'à titre indicatif et ne sauraient se substituer à l'avis d'un spécialiste, comme vous en trouverez dans tout magasin de sport digne de ce nom. Les meilleures enseignes disposent de tapis de course permettant d'évaluer la technique de course et de trouver la chaussure adaptée.

Le premier critère de sélection reste bien sûr le type d'épreuve pratiquée. Si vous voulez courir exclusivement sur route ou sur une surface plane similaire, vous aurez besoin d'une chaussure offrant un amorti suffisant, et si possible intégrant une technologie dite de « contrôle du mouvement », afin de limiter les risques de blessure

Chaussures de course à pied

Le niveau d'accroche de la semelle extérieure varie selon les terrains. Ci-contre, une paire de chaussures de trail (en haut) et une paire de chaussures de sport dotée d'un dispositif antiglisse amovible pour courir sur la neige et la glace.

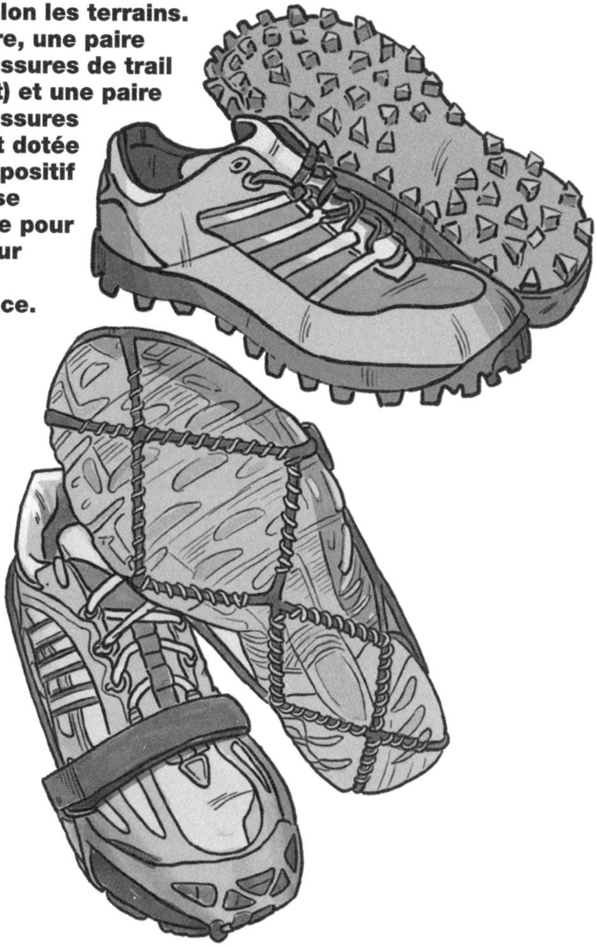

Courir avec des chaussures ou pieds nus

Les chaussures protègent le pied et amortissent les chocs, mais la course pieds nus peut se révéler très efficace. Elle participe à limiter les risques de blessures au talon. Ci-contre, on remarque l'amortissement généré par un fléchissement du genou.

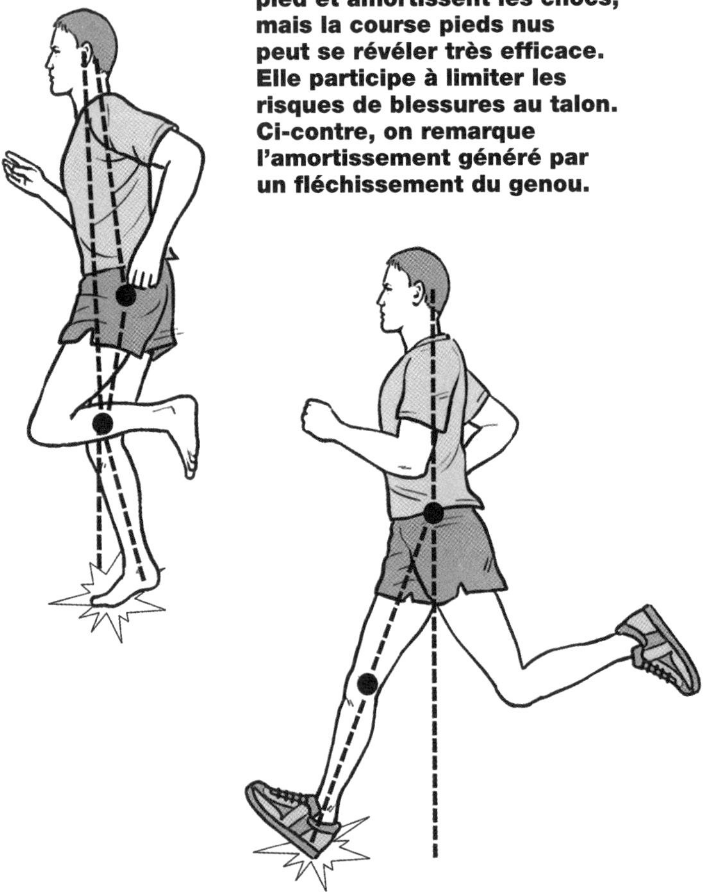

liés à un martèlement sur une surface dure. À l'inverse, pour courir hors-piste, préférez une chaussure de trail, plus rigide, à l'équilibre plus neutre (le pied est plus mobile sur des surfaces irrégulières) et proposant une semelle extérieure avec une bonne accroche, suffisante pour bien adhérer sur l'herbe et dans la boue.

Pour détailler un peu plus les qualités d'une chaussure de course, on distinguera les critères suivants :

Contrôle du mouvement – il s'agit d'une technologie permettant de corriger une surpronation (lorsque le pied se déroule trop vers l'intérieur) grâce à un renfort de la semelle. Ces chaussures ont tendance à être plus rigides. Beaucoup de coureurs au physique imposant les ont adoptées.

Amorti neutre – ces chaussures offrent un maximum de confort en absorbant les chocs. L'amorti se concentre au niveau de la semelle intercalaire, avec un minimum de support de la voûte plantaire pour une chaussure adaptée aux coureurs dont le travail des pieds est efficace sur le plan biomécanique et qui présentent une voûte plantaire cambrée ou normale.

Stabilité – ce type de chaussures est bon pour les coureurs à voûte plantaire normale ou aux pieds plats, présentant une légère surpronation. Stable, il assure un maintien sur toute la plante du pied.

Performance – ces chaussures ultralégères sont conçues pour les adeptes de la vitesse. Il existe une large gamme d'options sophistiquées sur le plan de la stabilité.

Minimaliste – ces modèles à l'amorti limité sont adaptés aux coureurs à la biomécanique efficace recherchant un maximum de réactivité de la chaussure, notamment pour disputer des épreuves hors route. Ils sont réservés aux coureurs au style de course performant et à faible impact, sous peine d'augmenter les risques de blessures.

Barefoot – la chaussure se contente de protéger le pied des objets extérieurs, sans offrir d'amorti. Le modèle se destine aux adeptes de la course *barefoot* (ou course naturelle, reflétant la sensation d'une course pieds nus), et à ceux qui cherchent à renforcer les muscles des membres inférieurs.

Si ces critères permettent d'orienter notre choix, l'important dans l'achat de chaussures destinées à courir est surtout d'essayer plusieurs modèles de différentes marques, jusqu'à trouver celui qui nous semble le plus adapté. Voici quelques conseils supplémentaires :

1. N'achetez pas de chaussures trop serrées, car les pieds gonflent durant la course.

Essayez plutôt les chaussures l'après-midi (quand le pied est le plus gonflé) avec vos chaussettes de sport.
2. Essayez les chaussures sur le tapis de course du magasin, car faire un petit tour à l'extérieur ne suffit pas.
3. Ne tenez pas compte des modèles en vogue, privilégiez les chaussures qui vous offriront le maximum de protection et qui participeront à améliorer vos performances.
4. Les chaussures de course à pied se changent tous les 800 km courus. Si vous commencez à ressentir une douleur aux genoux, aux chevilles ou au dos après l'effort, c'est peut-être qu'il faut remplacer vos chaussures.

Vêtements

Inutile de réaliser un investissement coûteux pour sa tenue, même si les courses de l'extrême, soumettant le corps à rude épreuve, méritent un équipement digne de ce nom. Pour vos pieds, privilégiez des chaussettes adaptées à la course à pied, de qualité supérieure. Elles sont dotées d'un matelassage qui limite les risques d'ampoules et d'une bande élastique assurant un maintien de la voûte plantaire. Elles sont sans couture et réalisées dans un tissu permettant l'évaporation de la transpiration. Pour le bas du corps, adoptez le short ou le cuissard. Quel que soit votre choix, le vêtement doit avoir une ceinture élastique pour plus de confort, une pochette zippée pour loger de petits objets, comme des clés ou de l'argent, et si possible des bandes réfléchissantes pour plus de visibilité. Optez pour un tee-shirt de couleur vive, à coutures plates non irritantes, au tissu enduit d'une protection anti-UV, mais aussi respirant, pour favoriser le transfert d'humidité.

Par temps froid et humide, la veste technique est indispensable. Son tissu doit être respirant, mais imperméable et coupe-vent, pour vous éviter de courir le corps détrempé par temps de pluie. Des évents bien positionnés facilitent la circulation de l'air et l'évacuation de la transpiration. Un serrage élastique ajustable à la taille et aux poignets ajoute au confort et facilite le contrôle de la température corporelle. Veillez à ce que la veste soit bien ajustée, comme une seconde peau, tout en assurant une liberté de mouvement, sans aucune zone de frottement ou d'échauffement. (En termes d'équipement, sachez qu'une sensation de gêne après 5 km de course se transforme en supplice au bout de 20 à 30 km.) Une casquette légère, en tissu respirant traité anti-UV, vous permettra de vous protéger le visage des intempéries et du soleil.

Pour les femmes, un soutien-gorge de sport est indispensable pour éviter toute lésion des ligaments suspenseurs de la poitrine. Il doit limiter le rebond

Chaussures – recommandations de l'armée américaine

Quelques conseils utiles à l'achat d'une paire de chaussures de course :

- Comptez entre 60 et 170 euros pour l'achat d'une paire de chaussures de qualité.
- Indiquez au vendeur la morphologie de vos pieds, vos problèmes éventuels, votre type de foulée et vos attentes.
- Informez-vous de la disponibilité des marques et de leur prix auprès de votre coopérative militaire avant d'acheter ailleurs.
- Achetez des chaussures d'entraînement et non des chaussures de compétition.
- Essayez vos chaussures avec une paire de chaussettes comparable à celle que vous porterez pour courir.

Essayez toujours les deux chaussures et n'hésitez pas à comparer.

- Choisissez une paire de chaussures s'adaptant parfaitement à chacun de vos pieds, lorsque vous êtes en position debout.
- Demandez à essayer les chaussures en courant sur une surface dure, afin de vous faire une idée de la sensation éprouvée.
- Inspectez soigneusement chaque chaussure, à la recherche d'un défaut qui aurait échappé au contrôle qualité. Procédez comme indiqué ci-dessous :
  – Posez la chaussure sur une surface plane et vérifiez que le renfort du talon est bien perpendiculaire à la semelle.
  – Inspectez les coutures à l'intérieur de la chaussure, afin de vous assurer de la solidité de chaque point, de leur régularité et de l'absence de bourrelets.
  – Vérifiez qu'aucun fil ne dépasse et qu'il ne reste aucun point de colle visible, souvent signes d'une mauvaise conception.

– US Army, *FM 21-20*, Appendix E

Tenue et équipement

Confort et liberté de mouvement sont des critères déterminants dans le choix d'une tenue et d'un équipement pour la course. Ci-contre, un short de course, une veste coupe-vent/imperméable, un tee-shirt, une ceinture porte-bidons, un sac à dos spécial course et une paire de chaussures de course. Une montre GPS est utile pour calculer le temps et les distances parcourues.

des seins d'au moins 60 %, avoir des bonnets enveloppants et des bretelles réglables, avec un ajustement de 2,5 cm au maximum. Le bandeau ne doit pas irriter ou échauffer la peau. Pour plus de sécurité, optez de préférence pour un modèle technique.

Accessoires utiles

On ne compte plus le nombre d'accessoires proposés aux adeptes de courses de l'extrême. Faute de place, nous ne présentons ci-dessous que les incontournables, aujourd'hui adoptés par de nombreux marathoniens professionnels.

Montre de course à pied/GPS – une montre de course à pied basique indique la distance parcourue et l'allure moyenne. Son capteur intégré permet de sauvegarder les données. Les modèles les plus sophistiqués et les plus onéreux incluent une fonction cardiofréquencemètre (*via* une liaison sans fil à un brassard), un GPS avec calcul de distance parcourue, boussole et altimètre, stockage des données d'entraînement, indicateurs d'allure et transfert de données sans fil.

Gourde – de nombreuses épreuves de courses longue distance proposent des points de ravitaillement, mais lors d'une course d'endurance ou à l'entraînement, vous devrez transporter votre eau. S'il s'agit d'une petite quantité (250 à 500 ml), optez pour une gourde équipée d'un petit harnais

Montre GPS et sac à dos

Un sac à dos spécial course peut abriter tout ce dont vous avez besoin, mais aussi être lesté de poids pour vous entraîner à l'endurance. La montre GPS aide à suivre vos données de course et à optimiser vos performances.

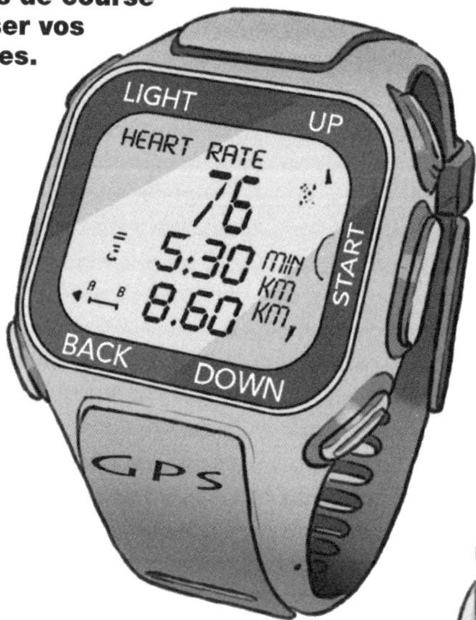

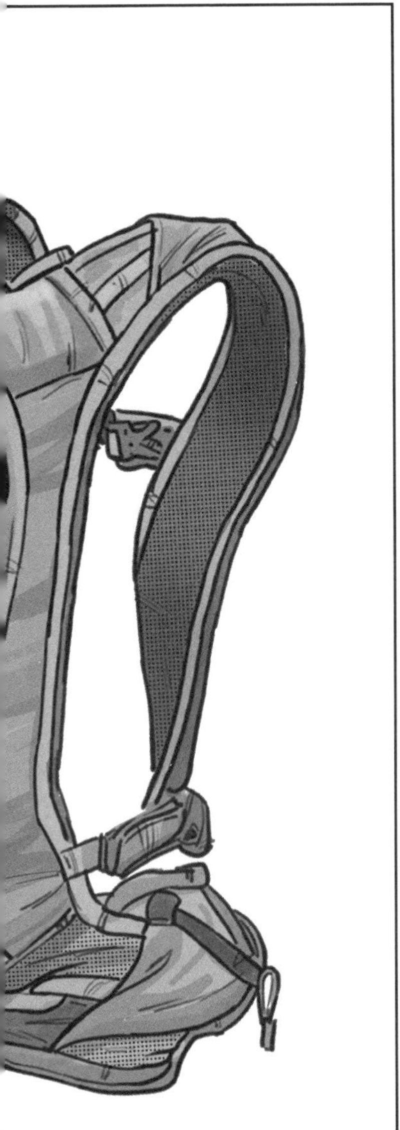

permettant de la porter à la main. Entraînez-vous avec, pour vous habituer à cet accessoire qui peut perturber votre équilibre et le mouvement de vos bras. Sur des courses plus longues, utilisez une ceinture porte-bidons, à moins d'opter pour une ceinture, un gilet ou un sac d'hydratation avec des poches à eau d'une capacité de plusieurs litres et dotés de tubes pour s'hydrater durant l'effort. Ces accessoires ont un poids conséquent, il faut donc les fixer correctement afin de ne pas générer de frottements.

Sac à dos de course – pour des courses d'endurance en autonomie, notamment sur terrains difficiles, le sac à dos est indispensable. Achetez un sac à dos d'une taille adaptée au transport de tout le matériel nécessaire. La gamme décline des modèles de 10 à plus de 30 l. Le sac à dos doit disposer d'un harnais réglable aux bretelles et à la ceinture afin de limiter les mouvements en course, d'un tissu imperméable et respirant pour réduire la sensation d'inconfort liée à l'accumulation de transpiration dans le dos, de poches et pochettes intérieures et latérales où ranger objets et accessoires, sans oublier la poche à eau.

Matériel de camping – pour les courses de plusieurs jours en pleine nature et en totale autonomie, avoir un abri est obligatoire. Optez pour une tente légère et un sac de couchage,

Ci-dessus : écouter de la musique peut vous aider à trouver votre rythme, mais aussi à garder votre concentration et votre énergie.

ou un sac de couchage avec un sursac de bivouac. Cette dernière option est idéale pour passer au maximum une nuit ou deux en pleine nature, et dans des conditions plutôt favorables, mais pour affronter des climats plus rigoureux et des épreuves de plusieurs jours, préférez les vraies tentes. La gamme est vaste, déclinant toutes sortes d'options et de technologies, d'où l'intérêt de s'adresser à des professionnels du camping ou à des spécialistes de la course d'endurance pour trouver un modèle adapté.

Courses longue distance

La préparation physique est absolument indispensable pour celui qui envisage de courir une épreuve de l'extrême. L'essentiel dépend bien évidemment de votre niveau. Si votre course la plus longue n'excède pas 5 km, préparez-vous à un entraînement difficile. Le coureur de fond le plus aguerri devra aussi s'engager dans un programme de conditionnement physique exigeant.

Si vous débutez la course longue distance, il est capital de suivre un programme d'entraînement progressif. Allongez peu à peu la distance parcourue et associez différents styles de course, en fonction de votre condition physique. Le premier objectif est de développer l'endurance. Commencez par privilégier la durée plutôt que la distance, en cherchant à mettre en place un bon rythme de course pour une durée donnée. Une fois le corps habitué, vous pourrez augmenter la durée de la course ou la distance à parcourir dans ce laps de temps. Un mélange des deux stratégies sera efficace pour améliorer la vitesse et l'endurance.

Pour vous préparer à un marathon, vous devrez évidemment intégrer à votre entraînement de nombreuses courses de fond, en augmentant chaque semaine la distance à parcourir. Un coureur sans grande expérience peut, avec un entraînement sérieux, acquérir un niveau de marathonien moyen en 16 semaines, en courant d'abord 40 km par semaine pour atteindre 50 km la semaine précédant l'épreuve. Tenez un journal où vous noterez pour chaque course chrono/distance, heure de la course, qualité du terrain, conditions météo, nombre de ravitaillements en eau, etc. Inclure le plus de détails possible vous aidera à améliorer vos performances en travaillant vos points faibles et en développant vos points forts.

Votre préparation doit se faire avec sérieux et maîtrise. Si vous cherchez à réaliser chaque jour une course de fond au rythme d'un marathon, vous courez le risque de brûler votre énergie et de vous épuiser en quelques semaines. Préférez un entraînement six jours par semaine, avec quatre jours réservés à des courses de distances raisonnables, entre 6,4 et 13 km, courues à faible allure ou en variant l'allure. Le cinquième jour, augmentez la distance, et le dernier jour de la semaine courez à une allure soutenue sur une longue distance, en débutant votre programme par 16 km de course au total la première semaine,

Endurance militaire

Lorsque la seule option pour rallier une position consiste à marcher ou à courir, il est essentiel que les militaires puissent couvrir de longues distances, lestés de leur équipement. Les soldats d'élite transportent jusqu'à 40 kg d'équipement et matériel.

pour atteindre 32 km de course au total la quatorzième semaine. Les deux semaines suivantes, réduisez drastiquement les distances parcourues, afin de préparer votre corps à l'épreuve à venir. La semaine de l'épreuve, consacrez au moins deux jours à la récupération et limitez l'entraînement à deux ou trois courses sur petites distances, à faible allure. De quoi prendre le départ frais et plein d'énergie.

Gérer son allure

Un coureur de fond inexpérimenté amorce souvent sa course à une allure trop rapide, qui l'oblige à forcer de plus en plus, en dépit de multiples signaux émis par le corps témoignant de son incapacité à faire face. La plupart des coureurs plus expérimentés savent quant à eux gérer leur course en variant allure et vitesse, à l'entraînement comme en compétition.

Ne craignez pas de marcher plutôt que de courir sur certaines sections. Certains associent le rythme course/marche à une technique réservée aux débutants mais, en réalité, beaucoup de coureurs d'ultramarathon intègrent nécessairement la marche à leur stratégie de course. La recherche et des témoignages plus empiriques de marathoniens comme Jeff Galloway suggèrent que des temps de marche périodiques au cours d'un marathon améliorent de façon significative les chronos des coureurs de niveau moyen. Ces cycles de marche facilitent la récupération, évitent le « coup de pompe » et permettent d'alterner avec des cycles de course à allure plus rapide, pour compenser les cycles de marche.

Passez en mode marche dès que votre corps vous le dicte, lorsque vous éprouvez plus de difficulté à respirer ou ressentez une fatigue musculaire. Adoptez une allure de marche soutenue, retrouvez une respiration plus régulière et réhydratez-vous, en absorbant une boisson énergisante. Après une minute de marche, reprenez votre rythme de course. Vous devriez ressentir un regain d'énergie. L'autre option est d'adopter une stratégie course/marche plus disciplinée. De nombreux débutants et marathoniens de niveau moyen s'obligent à courir 1,6 km, puis à marcher 60 secondes. Cette technique permet à certains de réaliser des chronos inférieurs à 3h30. Si la rigidité de la méthode ne vous séduit pas, retenez toutefois que de marcher sur de courtes périodes ne pénalisera pas votre performance.

Durant l'entraînement, différentes allures et techniques de course vous aideront à améliorer votre chrono. Sur de courtes distances, alternez course à faible allure (vous permettant de soutenir une conversation), à allure modérée (un cran en dessous de la course, permettant de prononcer quelques mots de temps à autre) et allure de course (ne vous permettant pas d'aligner plus d'un ou deux mots).

Page ci-contre : rallongez vos courses en gérant l'allure. Quand vous ne pouvez plus articuler que quelques mots, ralentissez et reprenez votre souffle.

Adoptez un entraînement fractionné. Voici plusieurs options :

- **Allures alternées** – Partez lentement, puis augmentez peu à peu votre vitesse, jusqu'à atteindre une allure de course. Gardez cette allure durant un temps donné (1 à 5 minutes), puis ralentissez à nouveau, jusqu'à revenir à faible allure. Répétez ce cycle plusieurs fois durant la course, jusqu'à couvrir 3 km au minimum à faible allure.
- **Course en fractionné** – Il s'agit d'une répétition d'efforts sur des distances et à des allures programmées minutieusement. Par exemple, après une course d'échauffement de 3,2 km, adoptez une petite foulée durant 60 secondes, puis une allure de course durant 60 secondes, pour habituer l'organisme à faire preuve de sursauts de puissance. Une phase de sprint vous aidera à améliorer votre allure générale, à condition de pratiquer cet exercice en fractionné assez souvent. Sur le plan de la distance, l'exercice en fractionné peut consister à courir sur 800 m à votre allure la plus soutenue, puis de passer à une plus petite foulée sur 400 m, et à répéter ce cycle durant tout l'entraînement.
- **Course nature** – Le terrain et les allures de ce type de course offrent différentes options. Après un échauffement de quelques kilomètres sur le plat, une pente raide intensifie l'effort, notamment si vous cherchez à garder l'allure du plat. Vous pouvez aussi opter pour une course sur différentes surfaces, afin d'alterner allure et énergie – une plage de sable est idéale pour ce genre d'exercice.
- **Entraînement en circuit** – Le but est d'intégrer à votre entraînement des exercices différents, comme sauts en étoile, pompes, flexions/extensions et montées de banc, à des points ou des moments programmés. Cela aide non seulement à améliorer la condition physique générale, mais aussi à varier les plaisirs si la course pure commence à vous lasser. Veillez à reprendre votre souffle après l'effort, avant de vous lancer dans d'autres exercices. Pour plus d'efficacité, pratiquez l'entraînement en circuit en courant à faible allure.

L'entraînement fractionné est idéal pour accroître ses performances et rester motivé. Les instructeurs militaires y ont souvent recours et le manuel de conditionnement physique de l'armée américaine détaille la technique et ses bienfaits en ces termes : « Dans l'entraînement fractionné, le soldat court à une allure légèrement plus rapide que son allure habituelle, et ce sur de courts laps de temps. Cette allure sera plus rapide que celle qu'il compte maintenir lors de son prochain test d'aptitude physique consistant

Étirements des adducteurs

L'étirement des adducteurs avant une course réduit les risques de blessures à l'aine et de claquage musculaire des jambes. L'exercice améliore aussi l'amplitude de mouvements des hanches. Appliquez une pression uniforme sur les genoux.

en une course de 3,2 km. L'exercice sera répété plusieurs fois, avec des temps de récupération, entre les périodes de course à allure rapide. Ainsi, les systèmes utilisés pour puiser l'énergie bénéficieront d'un temps de repos et le coureur pourra réaliser l'épreuve à une allure plus rapide que

La course stimule la libération d'endorphines. Ainsi plus vous pratiquez, mieux vous vous sentez physiquement, mais aussi mentalement.

Préparatifs avant l'épreuve

- Si possible, essayez de reconnaître le parcours avant le jour de l'épreuve. Enfourchez un vélo et empruntez le parcours, en vous arrêtant régulièrement pour noter certains éléments et détails importants pour la course. Vous pouvez effectuer de petites courses d'entraînement sur certaines sections du parcours.
- Surveillez votre régime alimentaire. Commencez l'apport en glucides quatre jours avant l'épreuve, et celui en gels hydratants deux jours avant. La veille au soir, consommez l'équivalent de 1 000 kcal en glucides. Deux heures avant, consommez 800 kcal pour avoir assez d'énergie.
- Coupez-vous les ongles de pieds.
- Si vous séjournez dans un hôtel la veille de l'épreuve, pensez à emporter votre oreiller, afin de passer une nuit reposante.
- Transcrivez toutes les informations relatives à la course sous forme de brèves notes, de façon à pouvoir aller à l'essentiel sans perdre de temps le moment voulu.
- Veillez à « assouplir » vos chaussures de course et portez votre tenue bien avant le jour de l'épreuve.
- Programmez une petite course d'entraînement le jour de l'épreuve, de façon à échauffer et habituer votre corps à l'exercice avant l'heure du départ.

celle qu'il aurait eue en courant sans arrêt. Ce type d'entraînement fractionné peut être appliqué dans différentes disciplines, comme le cyclisme, la natation et l'aviron. »

Entraînement de groupe

Avant de participer à une compétition, ou pour repousser ses limites, la meilleure option est de pratiquer ce que les militaires américains appellent l'*Ability Group Running (AGR)* ou « parcours de groupes ». Le manuel *21-20* de l'armée américaine en détaille les principes.

« L'AGR permet aux soldats de niveau proche de s'entraîner en groupe. Chaque groupe court à une allure assez soutenue, pour stimuler chacun et le groupe tout entier. Les chefs de groupe programment des durées de course et non des

Étirement des quadriceps

Vous devez ressentir un étirement du quadriceps à l'avant de la cuisse. Gardez le genou d'appui détendu et utilisez un mur ou une chaise pour garder l'équilibre.

Ci-dessus: les courses collectives ou les parcours AGR de l'armée américaine sont un moyen idéal pour entretenir l'émulation et la motivation, ainsi que l'esprit de compétition.

distances. Le procédé permet aux groupes les plus performants de courir sur une distance plus longue et aide chaque soldat à progresser. »

La course est une discipline si populaire, que les clubs d'athlétisme

ne cessent d'accueillir de nouveaux adhérents. L'efficacité de l'AGR est décuplée lorsque le groupe a un niveau homogène, car la compétition naturelle qui s'y installe pousse tout le groupe à se surpasser, d'où une progression cumulative des chronos. Cela se vérifie dans toutes les courses collectives, à condition d'établir des objectifs et des règles de base claires. Un chef de groupe doit définir le type de course, le parcours et les règles,

Extension de jambes au banc à quadriceps

L'exercice renforce les muscles à l'avant des genoux et apporte une meilleure stabilité aux articulations en vue de la course. Une extension à pratiquer pour renforcer le genou suite à une blessure.

Le fartlek – entraînement de l'armée américaine

Dans l'entraînement fartlek, une forme ludique de l'entraînement fractionné, le soldat varie l'intensité de sa course durant tout l'exercice. Il débute à très faible allure et, lorsqu'il se sent prêt, il accélère quelques minutes, jusqu'à ressentir le besoin de ralentir. À faible allure, son organisme récupère. Ce procédé, consistant à alterner course rapide et course de récupération (chacune sur des distances variables), offre des résultats comparables à ceux de l'entraînement fractionné. Toutefois, les durées ne sont pas chronométrées et la course ne se déroule pas sur piste. C'est pourquoi de nombreux coureurs préfèrent l'entraînement fartlek à l'entraînement fractionné.

comme les sections du parcours où il faut marcher. Enfin, et plus important que tout, vous devez vous sentir bien dans le groupe. En général, les groupes sont accueillants et enthousiastes, ce qui enrichira votre vie sociale et vos moments passés à courir.

Le jour de l'épreuve

Le jour de l'épreuve est le point culminant de votre entraînement. Dans les minutes qui précèdent le départ, échauffez-vous et étirez-vous en douceur. Pas question de forcer avant le départ. En prenant place aux côtés des autres coureurs, vous ressentirez à coup sûr un frisson d'adrénaline. Mais attention à l'allure que vous adopterez au départ, qui peut être trop rapide pour vous permettre de résister tout au long de l'épreuve. Commencez à courir à allure soutenue, mais confortable. Comptez 10 à 15 secondes de moins que votre allure idéale, et ne succombez pas à la tentation de forcer le rythme en voyant d'autres coureurs vous dépasser. En maintenant votre allure, vous dépasserez beaucoup d'entre eux un peu tard dans la course. Restez détendu. En conservant votre énergie, vous pourrez accélérer de façon significative dans les derniers 10 km de course, quand vous déciderez de courir au maximum de votre allure.

Le « coup de pompe », parfois insurmontable, est le danger qui guette tout marathonien. Il s'agit d'un épuisement des réserves de glucose qui fournissent l'énergie aux muscles. Les symptômes sont sans appel, avec un ramollissement des membres qui deviennent aussi lourds que du plomb et une sensation d'épuisement physique et mental. Parce qu'il vaut mieux prévenir que guérir, pensez à bien vous hydrater durant l'épreuve, en absorbant des gels toutes les 20 minutes. N'oubliez pas de refaire une provision de glucides en consommant un en-cas toutes les heures. Si cela devait arriver, seuls votre mental et votre ténacité vous aideront à vaincre ce passage à vide.

Souvenez-vous que le marathon est autant une affaire de mental que d'endurance. Pour vous aider, fractionnez la course en plusieurs petits tronçons et considérez chacun comme une épreuve en soi, que vous réussissez à surmonter sans problème. Pourquoi ne pas associer chaque tronçon à un style de musique différent à écouter avec votre baladeur ? La musique des 10 premiers kilomètres pourrait être relaxante et celle des 10 derniers kilomètres plus agressive et plus rythmée. En fait, l'essentiel est de trouver la technique mentale qui vous aidera à placer une jambe devant l'autre sans vous arrêter.

Course d'endurance hors route

Les marathons urbains sont suivis chaque année par des dizaines de milliers de spectateurs à travers le monde. En début de chapitre, nous avons évoqué certains de ces ultramarathons sauvages, disputés par les plus enthousiastes des athlètes. Mais ne vous y trompez pas, parcourir plus de 160 km au pas de course en quelques jours exige une préparation et un entraînement des plus exigeants, avec des distances de course hebdomadaire moyenne au-delà des 80 km. Par ailleurs, vous serez directement confrontés à des terrains et climats souvent extrêmes.

La forme la plus basique de la course d'endurance hors route est la course nature. L'exercice est idéal pour développer l'endurance et la force musculaire, mais aussi pour rendre la course sur le plat bien plus facile. Collines et montagnes présentent des reliefs et des altitudes variées, des parcours les plus tranquilles aux redoutables courses alpines, où se confond la frontière entre course et escalade.

La course nature à l'assaut des collines exige une approche graduée, qui débute par un entraînement en basse altitude, là où la pente se limite à 10 %, avant d'aborder des dénivelés et des distances plus exigeantes. En entraînement militaire, des épreuves aussi redoutables que la « Long Drag » des forces spéciales britanniques sont introduites après plusieurs semaines de courses à l'assaut de sommets, de façon à développer une indispensable force dans les membres inférieurs et une endurance respiratoire.

Développer l'endurance est la clé du succès dans la course nature. Ces recrues cherchent à éviter les mouvements désordonnés qui sapent l'énergie.

Dans la course nature, la technique a pour but premier de vous apprendre à garder une allure et une respiration régulières, malgré les irrégularités du terrain. Les bras doivent rester souples, la tête et le cou relevés. Baissez le regard, plutôt que la tête, pour étudier le terrain. Lorsque la pente s'accentue, raccourcissez votre foulée, tout en essayant de ne pas ralentir. Courez en exerçant une légère poussée, et si possible évitez les longues foulées à allure soutenue qui épuiseraient votre énergie. (Mais rien ne vous empêche d'ajouter des cycles de course rapide, en guise d'entraînement spécifique.)

Progressez en repérant bien votre route. Évitez les terrains caillouteux, meubles ou aux herbes hautes, qui peuvent masquer nids-de-poule et fondrières dangereux pour les chevilles. Ciblez un point au-delà de l'arrivée pour que le corps s'adapte à un arrêt de la course progressivement. Ne vous arrêtez pas brusquement, sous peine d'accroître le risque de crampes liées à l'accumulation d'acide lactique.

Redescendre une colline au pas de course est aussi un défi en soi. La tentation est grande d'augmenter sa vitesse. Dans ce cas, vous risquez non seulement de perdre le contrôle

Test d'aptitude des Royal Marines – marche d'endurance

Jour Une marche d'endurance de 20 km sur terrains variés, avec au moins 6 km hors routes bitumées, à boucler en 3 h 30 maximum, mais pas moins de 3 h 25, lesté d'une charge totale de 31,30 kg, comprenant un sac à dos, l'équipement individuel et une arme personnelle. Le temps alloué tient compte des arrêts pour ravitaillement en eau, du temps consacré à des vérifications de sécurité ou à toute tâche administrative ordonnée par l'officier responsable.

Jour Divisé en deux parties :

Partie 1 – Une marche d'endurance de 20 km sur terrains variés, avec un minimum de 6 km en dehors des routes bitumées, à boucler en 3 h maximum, mais pas moins de 2 h, lesté d'une charge totale de 25 kg. Le temps alloué tient compte des arrêts pour ravitaillement en eau, du temps consacré à des vérifications de sécurité ou à toute tâche administrative ordonnée par l'officier responsable.

Partie 2 – En complément de la partie 1, tout le personnel doit accomplir une série de missions (RMT ou *Representative Military Task*) sélectionnées par le commandant, après consultation avec l'instructeur de l'unité. Un minimum de 3 missions, sélectionnées dans le tableau 8, page 30, emblématiques des exigences requises sur le théâtre des opérations en matière d'endurance musculaire anaérobie (vitesse), de force musculaire et d'agilité au combat, avec chaque mission individuelle effectuée une fois par test.

de votre course et de chuter, mais aussi de vous blesser aux chevilles et aux genoux. Gardez le corps bien droit et évitez les rebonds sur la pente, en gardant le plus possible les pieds au contact du terrain et en évitant les impacts trop lourds. Si vous sentez que votre allure de course s'accélère et vous échappe, raccourcissez vos foulées, jusqu'à reprendre pleinement le contrôle de la situation.

Terrains extrêmes

Les ultramarathons, comme ceux des forces spéciales à l'entraînement, conduisent les participants à affronter terrains et climats extrêmes. Désert, jungle, montagne, sommets enneigés sont des expériences potentiellement mortelles pour des coureurs et des soldats peu entraînés à la survie ou ne possédant pas l'équipement requis.

Il était impossible de proposer dans ce livre un guide complet de la survie en pleine nature. Mais si vous voulez participer à un ultramarathon dans un cadre sauvage, faites des recherches sur la survie et entraînez-vous en conséquence. Les organisateurs de ce type d'épreuve se feront un plaisir de vous communiquer les informations utiles sur les conditions physiques exigées, sans oublier les forums en ligne, où vous trouverez une mine de renseignements, proposés par des coureurs expérimentés.

Néanmoins, nous abordons ici la course en environnement extrême, y compris les conseils rares et précieux d'une communauté militaire dont le travail consiste à mener des opérations sur tous les terrains et dans toutes conditions.

Désert

Dans le désert, la première menace est celle d'un soleil implacable, source de coups de soleil, d'insolation et d'épuisement. Sa chaleur s'ajoute à la chaleur ambiante, réfléchie par le sable et la roche, emmagasinée dans le sable surchauffé par le vent.

Les autres menaces sont celles des tempêtes de sable qui réduisent la visibilité, des mirages qui perturbent la précision de l'orientation, pourtant déterminante dans cet environnement privé de repères, et des créatures aux morsures venimeuses, comme les serpents, les scorpions ou encore les araignées.

Le manuel de survie de l'armée américaine donne quelques conseils simples et pratiques sur la conduite d'opérations dans le désert :

- *Informez toujours quelqu'un de l'endroit où vous vous rendez et de l'heure de retour prévue.*
- *Surveillez toute manifestation évoquant un coup de chaleur. Une personne qui se plaint de fatigue ou s'éloigne du groupe sans raison peut être victime d'un coup de chaleur.*
- *Buvez de l'eau, au minimum toutes les heures.*
- *Reposez-vous à l'ombre, ne vous allongez jamais directement au sol.*
- *Ne retirez pas votre chemise et progressez durant la journée.*
- *Surveillez la couleur de vos urines. Claires, cela signifie que vous buvez assez d'eau, mais foncées, cela montre*

que vous devez vous hydrater un peu plus.
– US Army, *FM 3-05-70, Survival,* 13-12

Les deux premiers points soulignent l'intérêt de courir à deux ou plus. Assurez-vous de ne jamais perdre les autres de vue. À moins d'être un spécialiste de la survie, ne vous lancez jamais seul sous une chaleur torride, dans un milieu sauvage. S'hydrater et trouver de l'ombre sont des éléments primordiaux. Des courses comme le marathon des Sables ou de la vallée de la Mort vont à l'encontre du bon sens en termes de survie. Elles poussent en effet les coureurs

Ci-contre : lors d'une course dans le désert, l'hydratation est vitale. Prenez une pause hydratation toutes les 20 à 30 minutes.

à faire un effort exténuant aux heures les plus chaudes. Dans ce cas, avalez un gel hydratant contenant des électrolytes toutes les 20 à 30 minutes. Consommez des barres et des en-cas énergétiques légers, à base de noix, fruits secs et simples bouillies. Évitez les aliments riches en graisse. (Les denrées alimentaires seront les plus légères possible, car tout poids additionnel entraînera une transpiration excessive.) Prévoyez de manger entre 2 500 et 3 000 kcal par jour.

Les vêtements ont aussi leur importante. Les militaires conseillent de courir en tenue complète, car exposer sa peau au soleil accroît les risques d'insolation et de coups de chaleur. Portez leggings, haut avec protection anti-UV et casquette protégeant la nuque. Appliquez sur la peau exposée une protection solaire indice 50 toutes les heures.

Le principal inconvénient du désert est qu'il ensable les chaussures. Ce matériau abrasif peut rapidement entraîner la formation d'ampoules et d'infections. Pour résoudre en partie le problème, portez des guêtres conçues pour courir dans le désert, même si le sable le plus fin réussit toujours à se frayer un passage, qui oblige à vider ses chaussures souvent. Beaucoup de marathoniens fabriquent leurs propres guêtres avec de la toile de parachute non poreuse, en collant le bas de la pièce de tissu tout autour de l'ouverture de la chaussure, avant de lier la longueur de tissu à la jambe, au-dessus du genou.

Une course dans le désert impose un effort intense dans les jambes et les pieds. Prévoyez dans votre kit de marathonien un baume désinfectant pour traiter ampoules et coupures, qui auront tendance à vite s'infecter sous un climat désertique. Vous pouvez aussi vous envelopper les pieds d'une bande adaptée, en privilégiant les parties du pied les plus exposées au risque d'ampoule. Presque tous les marathoniens sont équipés d'une paire de bâtons de marche légers et rétractables, utilisés pour soulager la pression exercée sur les jambes, mais aussi pour conserver équilibre et vitesse (avec un gain de 30 %) sur un terrain meuble et sablonneux.

Enfin, pensez à porter une paire de lunettes de soleil de sport. Les modèles les plus sophistiqués disposent de clips spéciaux permettant de fixer des verres de correction de différents types (en version claire ou foncée) et sont conçus pour être enveloppants, de façon à protéger les yeux de tout rayonnement réfléchi par le sol autant que la lumière directe du soleil.

Jungle

Pour le marathonien, la jungle est certainement le plus exigeant des terrains, ce qui explique que seule l'élite de la discipline s'y risque. La jungle présente des environnements variés, de la forêt tropicale humide aux zones marécageuses où s'enfoncent les pieds. Mais tous ont pour points communs la chaleur, un taux d'humidité très élevé, une faune souvent dangereuse, un terrain difficile et à risque pour les chevilles.

Courir dans la jungle, c'est se heurter sans cesse à des obstacles et gérer une progression et une orientation rendues difficiles par la végétation. Pour participer à un ultramarathon dans la jungle, vous devrez maîtriser les techniques d'orientation dans ce milieu. N'imaginez pas qu'il vous suffira de vous en remettre au GPS. Le manuel de survie de l'armée américaine donne des conseils à ses soldats, applicables aux marathoniens :

> *Pour progresser sans peine, développez « l'œil de la jungle », autrement dit ne vous contentez pas de regarder la végétation qui vous fait face. Scrutez au-delà, en tentant de repérer des passages naturels dans le feuillage. Il s'agit de percer la jungle du regard. Arrêtez-vous et baissez-vous de temps à autre, pour avoir une vision au ras du sol pouvant vous permettre de distinguer des pistes de gibier à suivre.*
> – US Army, *FM 3-05-70, Survival*, 14-6

Pour courir dans la jungle, regardez où vous posez les pieds et ne tentez pas d'aller plus vite que ce que le terrain permet. Contournez le feuillage trop dense, plutôt que de vouloir le pénétrer en force, même si quelques coups de machette sont parfois nécessaires, selon le type de course. Gagnez en vitesse dès que vous parvenez à des sections dégagées,

Marathon des Sables

Dans le Sahara, la température peut excéder 50 °C. Le coureur doit porter une tenue adaptée, incluant lunettes de soleil, casquette avec protège nuque et guêtres spéciales.

Course en montagne

En montagne, décidez de votre parcours avant de vous lancer, en évitant les terrains instables, les pentes trop raides et les abords de précipices.

souvent le long de cours d'eau. Évitez d'attraper et de vous agripper des mains au feuillage pour vous stabiliser. Beaucoup de plantes de la jungle sont hérissées d'épines, d'autres porteuses de substances toxiques. Il est recommandé de s'équiper d'une solide paire de gants de jungle. Lors d'une pause, scrutez l'environnement. Serpents, araignées et autres créatures trouvent souvent abri sous des troncs ou des rochers, d'où l'intérêt de fouiller le sol à l'aide d'un bâton avant de s'asseoir. Si vous débusquez un animal dangereux, écartez-vous lentement et prudemment.

L'humidité et d'occasionnelles pluies torrentielles sont les principaux problèmes rencontrés dans la jungle. Dans un tel environnement, toute chose est en permanence détrempée et il est presque impossible de faire sécher des vêtements. Gardez tout ce qui doit rester sec – vêtements de rechange, chaussettes, équipement électrique, cartes, etc. – enveloppé d'une double couche de plastique, dans votre sac à dos. Ce dernier doit être bien fermé, avec les sangles tendues et les bidons d'eau bien fixés. Tout ce qui dépasse du corps peut s'accrocher au feuillage. Votre équipement doit inclure des dispositifs d'éclairage artificiel pour les étapes nocturnes, dont une lampe frontale et des bâtons lumineux.

L'humidité peut être épuisante pour ceux qui n'y sont pas habitués. Dans l'idéal, prévoyez une semaine ou deux d'acclimatation en faisant de petites courses d'entraînement pour habituer l'organisme aux exigences de ces nouvelles conditions. Ce conseil s'applique à toutes les courses dans des environnements extrêmes.

Montagnes

Les techniques de base à maîtriser pour courir dans des environnements escarpés ont précédemment été abordées. Mais certaines épreuves d'ultramarathon hissent la discipline vers de nouveaux sommets, avec des courses à haute altitude. Ainsi, la Beyond the Ultime Mountain Ultra se court à plus de 2 743 m d'altitude, où l'oxygène est rare et où les coureurs sont exposés au mal des montagnes. Avec si peu d'oxygène, les marathoniens doivent fournir un effort maximal à chaque foulée.

En haute altitude, l'acclimatation est incontournable. Dans l'idéal, rendez-vous sur les lieux 15 jours avant le départ pour permettre à votre système respiratoire et à vos muscles de s'habituer progressivement à ces nouvelles conditions. De nombreux coureurs amateurs internationaux, qui ont d'autres occupations en dehors de la course, peuvent rarement se permettre des séjours prolongés. Dans ce cas, il est mieux d'arriver sur le site quelques heures avant le départ, de façon à débuter la course avec la réserve d'énergie dont on dispose, et de s'habituer (il faut l'espérer) progressivement aux nouvelles

Course dans la neige

- Portez des chaussures de trail à crampons ou équipez vos chaussures de crampons pour la glace. Prévoyez des crampons de rechange.
- Portez des chaussettes en laine épaisse et des gants, et protégez vos oreilles avec un bonnet en laine. Le gel peut attaquer les extrémités du corps en quelques minutes et le fait de courir accroît la sensation de refroidissement sous l'effet du vent.
- Courez de préférence sur des zones de neige compacte. Sur la neige fraîche, faites de petites foulées en vous méfiant des plaques de glace.
- Pour les vêtements, prévoyez une couche extérieure imperméable et une sous-couche isolante.
- Planifiez bien votre parcours. Évitez les arrêts intempestifs, sous peine que votre transpiration se transforme rapidement en glace et que votre température corporelle chute trop brusquement.

conditions en cours d'épreuve. Si vous commencez à ressentir des symptômes évoquant le mal des montagnes, comme une difficulté à respirer, une céphalée sévère, des nausées, une vision trouble ou des pertes de connaissance, rejoignez sans attendre un point de surveillance médicale plus bas.

Pour vous entraîner, concentrez-vous sur l'effort fourni, plutôt que sur l'allure. Forcez sur l'intensité de vos séances d'entraînement pour stimuler le système cardio-respiratoire. En procédant ainsi à basse altitude, vous augmenterez votre volume d'oxygène maximum, ou Vo2max (quantité d'oxygène consommée par le corps lors d'un effort par unité de temps). Pensez à intégrer une stricte routine d'hydratation. Certaines régions de haute montagne sont aussi sèches que le désert et la déshydratation peut devenir un sérieux problème, notamment lorsque le froid extrême nous fait oublier de boire.

La course en milieu extrême est une expérience dangereuse, mais gratifiante. Ceux qui parviennent à boucler un ultramarathon confient souvent ressentir une sorte d'achèvement sur le plan athlétique, doublée d'une communion spirituelle avec les paysages traversés.

DISCOVERY
FLINT RIVER
A19

L'extrême en milieu aquatique

Plus de 70 % de la surface du globe est recouverte d'eau. De quoi satisfaire les amateurs de défis extrêmes en milieu aquatique, soucieux de toujours repousser leurs limites.

Il n'est pas étonnant que certaines des meilleures unités d'élite soient aussi spécialisées dans le combat en milieu aquatique. L'homme n'est pas adapté au monde aquatique et ceux qui choisissent de le maîtriser doivent donc affronter un environnement hostile. Mers et océans abritent de multiples menaces mortelles, qui coûtent chaque année la vie à des milliers d'hommes. La noyade est le premier danger, exacerbé par des facteurs comme la puissance des courants et l'hypothermie. Les vagues qui coulent de grosses embarcations n'épargnent pas le nageur vulnérable. Dans l'eau évoluent de dangereuses créatures, depuis les méduses jusqu'à certaines espèces prédatrices plus imposantes, comme le requin. Cela explique que les soldats, comme ceux des unités des Navy Seals américains ou du Special Boat Service (SBS) britannique, soient doués d'un physique et d'un mental d'acier.

Ce chapitre aborde les défis en milieu aquatique, dont les épreuves de nage en eau libre et de parcours à la rame sur longue distance, ainsi que quelques disciplines de l'extrême récentes, comme la plongée libre. Les mers et les océans sont dangereux. Les athlètes les plus expérimentés peuvent y passer d'une situation normale à une situation de crise en

Page ci-contre : l'entraînement se concentre sur la nage de combat et les embarcations légères.

Les Navy Seals américains sont soumis à l'épreuve du ressac pour développer leur ténacité.

quelques minutes. Celui qui souhaite se lancer dans un défi aquatique doit impérativement s'entraîner avec des professionnels. Si les forces spéciales américaines investissent des milliers de dollars dans l'entraînement de leurs unités pour leur enseigner des techniques de survie en milieu aquatique, ne pensez pas pouvoir faire l'impasse sur les mesures de sécurité.

Les effets de l'eau

Les Navy Seals américains sont les forces spéciales qui bénéficient

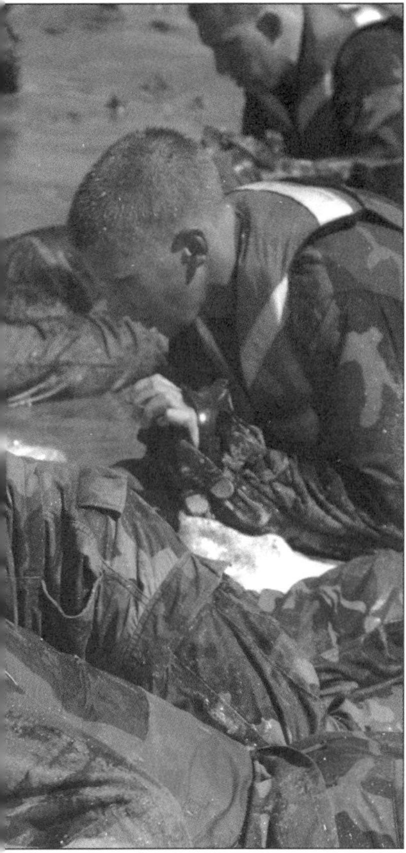

de la formation la plus complète. Les Navy Seals sont entraînés au combat amphibie et à la survie en milieu extrême, de la nage en eau libre sur longue distance au débarquement d'un vaisseau en cas de déploiement d'une flotte. Ils accomplissent ces épreuves lestés de leur équipement complet, mais aussi de leurs armes et d'autres équipements lors d'un transbordement périlleux.

L'entraînement des Navy Seals confronte les recrues à l'éventail des dangers susceptibles de se manifester. La mer est une masse d'énergie en perpétuel mouvement, agitée par les vagues et les courants. Le nageur le plus performant peut être entraîné loin de son point de destination par un courant puissant, notamment par un courant d'arrachement. Cause de près de 80 % des interventions menées par les sauveteurs en mer, les courants d'arrachement près du rivage sont de puissants flots de retour qui entraînent vers le large les eaux apportées par les vagues déferlant sur les plages. Le nageur pris dans un tel courant est très vite emporté au large. Les vagues en elles-mêmes comportent leur lot de dangers. Non seulement elles ont un impact sur la direction suivie par le nageur, mais la puissance d'une vague se brisant sur le rivage peut blesser le nageur ou le projeter sur des rochers.

L'environnement aquatique est aussi un véritable défi pour les fonctions physiologiques fondamentales. Le premier point à prendre en compte est celui de l'influence de la température de l'eau sur celle du corps. Les nageurs expérimentés ont constaté qu'une température donnée paraît bien plus froide dans l'eau que sur terre. La raison première tient à la conductivité de l'eau, autrement dit à sa capacité à transférer la chaleur. L'eau exerce directement une pression sur la peau

Course en canoë

La course en canoë peut prendre la forme d'un marathon, d'un sprint ou d'un slalom. La plus longue épreuve du genre, la descente en canoë du Yukon, se déroule sur 1 600 km le long du fleuve.

immergée, entraînant une perte rapide de la chaleur corporelle. La physique élémentaire nous enseigne que lors de la mise en contact de deux objets de température différente un transfert de chaleur se produit, jusqu'à ce que la température des deux objets s'équilibre. Mais la mer représente une telle masse d'eau que la sensation de froid s'accentue, jusqu'à ce que le nageur tombe en hypothermie. Le problème empire lors d'une perte de chaleur par convection, lorsque la chaleur corporelle du nageur réchauffe l'eau, celle-ci remonte à la surface et se trouve remplacée par de l'eau froide qui remonte du fond. La peau est donc en contact permanent avec de l'eau froide.

Flottabilité

L'eau exerce une poussée vers le haut pour créer cette sensation d'apesanteur ressentie par le nageur (la teneur en sel de l'eau de mer augmente cette flottabilité). L'homme lui-même participe à cette flottabilité, notamment avec ses poumons remplis d'air – chez l'homme, le centre où s'applique la poussée se situe au milieu de la poitrine, juste en dessous du plexus solaire. Dans le manuel des Navy Seals, *Navy*

Swimming and Water Survival Manual, il est écrit que « l'eau présente une gravité spécifique de 1. La gravité spécifique d'autres objets est comparée à cette valeur. Un objet présentant une gravité spécifique inférieure à 1 flotte, et supérieure à 1, il coule. Chez l'homme, la gravité spécifique varie selon la masse musculaire, la masse graisseuse et la densité osseuse. En position de flottaison de survie, certains individus ne flottent pas, même avec leurs poumons emplis d'air ». (3. 4). Ce dernier point revêt une importance toute particulière dans les épreuves de nage extrême.

Ne pensez pas pouvoir uniquement compter sur la seule flottabilité du corps pour survivre, mais comme les Navy Seals, entraînez-vous à améliorer vos propres techniques de survie par la respiration contrôlée.

Marathon aquatique

Comme en course, la natation s'est récemment enrichie de toute une série d'épreuves d'endurance. Durant de nombreuses années, du moins en Europe, la principale épreuve de distance consistait en une traversée de 33,1 km dans les eaux froides de la Manche, au niveau du détroit

Nage en marécage

Si le nageur est équipé d'un tuba et de palmes, il ne doit pas, et ne peut généralement pas, faire de mouvements de natation classiques au cours de cette épreuve de nage en marécage. À lui de trouver d'autres moyens de progression plus ingénieux.

du Pas-de-Calais, entre France et Angleterre. Le premier à réussir la traversée de la Manche sans assistance fut le robuste capitaine Matthew Webb, entre le 24 et 25 août 1875, en 21 h 45 min. Depuis, plus de 700 nageurs ont réitéré l'exploit. En 2010, Philippe Croizon, amputé des quatre membres, fit la traversée à l'aide de palmes fixées à ses prothèses. Croizon incarne à lui seul l'esprit de ces forçats de l'extrême, refusant d'accepter les limites que leur impose le monde physique. Ces athlètes comptent d'autres héros, comme l'Australien Penny Palfrey, qui, en 2012, boucla sans assistance (sans cage pour le protéger des requins, et sans combinaison de plongée) un marathon aquatique de 112 km,

entre les îles de Grand Cayman et Little Cayman, en mer des Caraïbes, inscrivant du même coup un record du monde de distance en eau libre.

La traversée de la Manche est l'une de ces centaines d'épreuves de natation longue distance ouvertes à tous les nageurs bénéficiant d'une condition physique exceptionnelle et d'un mental d'acier. La Fédération internationale de natation, reconnue par le Comité international olympique (CIO), fait entrer les épreuves de natation d'une distance supérieure à 10 km en eau libre dans la catégorie des marathons aquatiques, comptant aujourd'hui des dizaines d'épreuves à travers le monde, en eau douce et en mer. Parmi elles se trouve celle du détroit de Catalina, une traversée entre l'île de Santa Catalina et le sud de la Californie, à plus de 32,5 km, ou encore la traversée du détroit de Cook, dans les eaux dangereuses séparant les îles du Nord et du Sud de la Nouvelle-Zélande, soit 22 km. Par ailleurs, le marathon aquatique compte au nombre des épreuves du triathlon.

Nage en mer

Si beaucoup de nageurs se lancent des défis de distance en piscine, la majorité des épreuves se déroule en mer. Pour le nageur habitué aux bassins de natation, les conditions en mer peuvent créer un choc. Courants, vagues, températures froides, faune aquatique (certaines espèces étant dangereuses) et désorientation liée à l'immensité de l'environnement sont autant de pièges pour le nageur non préparé. Chez les Navy Seals, la deuxième phase de l'entraînement vise essentiellement à habituer les recrues à cet environnement aquatique ouvert. Le terrible défi de l'épreuve du ressac, où le corps frôle l'hypothermie, est conçu pour amener la recrue à identifier les symptômes de l'hypothermie, mais

Équipement de plongée

La combinaison avec recycleur permet d'absorber le gaz carbonique rejeté par la respiration pour que le plongeur puisse réutiliser le même air.

Gilet de sauvetage

Investissez dans un gilet de qualité supérieure, avec accessoires de survie, comme des bâtons lumineux activés par l'eau, type Cyalume, un sifflet et une balise GPS.

Les courants d'arrachement

Ici, le nageur échappe au courant d'arrachement en progressant dans un premier temps dans le sens du courant, puis parallèlement au rivage, plutôt que de chercher à remonter le courant.

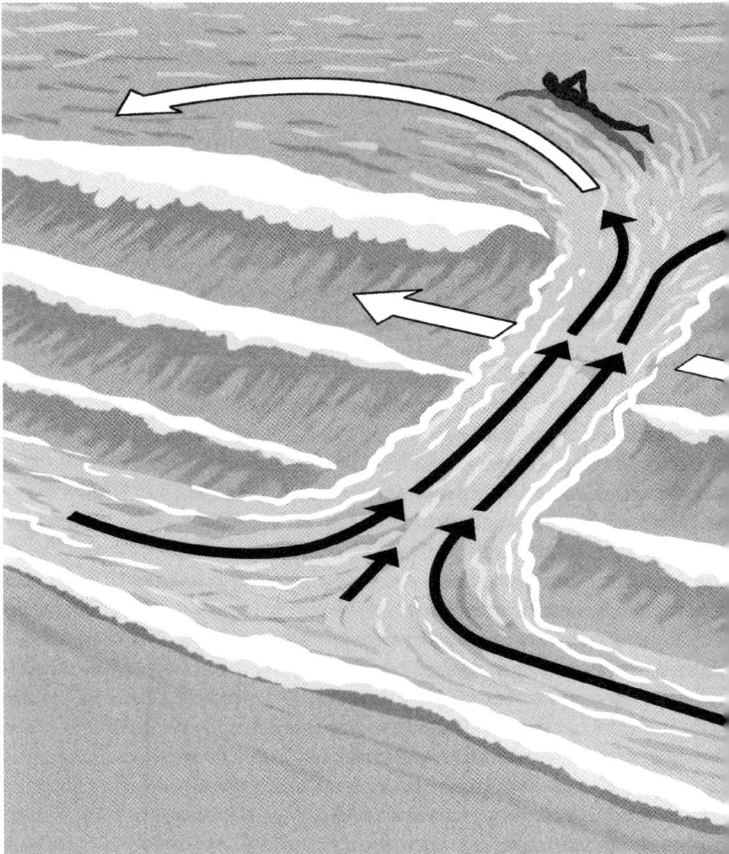

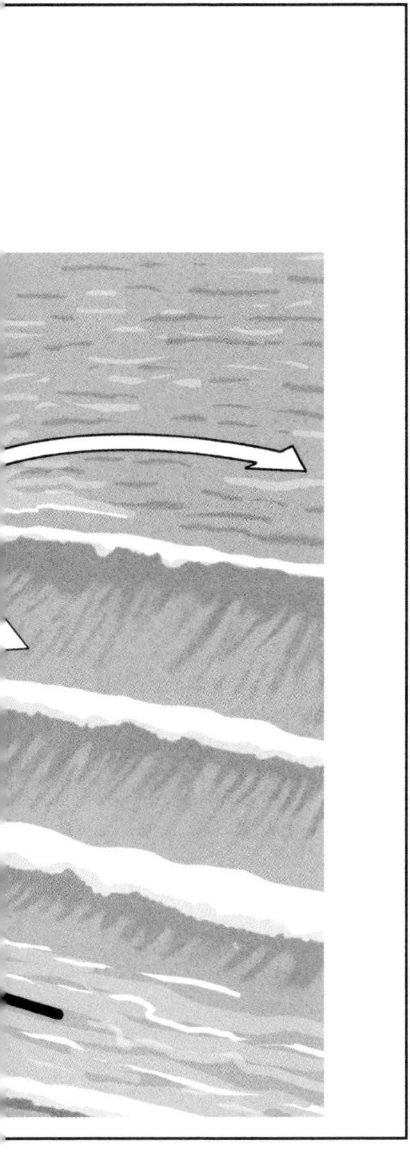

Échapper à ces courants

Les nageurs de combat apprennent à maîtriser les techniques pour échapper à un courant d'arrachement :

- Essayez de gagner une zone où vous aurez pied, car cela vous aidera à mieux résister à la force du courant.
- Ne paniquez pas. Un courant d'arrachement ne vous entraînera pas vers le fond, seulement vers le large. Faites la planche, le temps de recouvrer vos forces.
- Nagez parallèlement au rivage pour échapper au courant d'arrachement. Parce que ces courants sont rarement très larges, le plus souvent de 30 à 45 m, vous ne tarderez pas à franchir la limite latérale du courant. Rejoignez le rivage en évitant de revenir dans le courant.
- Si vous ne parvenez pas à vous dégager, sachez que ce type de courant perd de son influence à environ 100 m du rivage. Laissez-vous porter, puis repérez un point sur la plage que vous regagnerez à la nage.

Nager permet de développer la condition physique, l'endurance et la capacité pulmonaire.

aussi pour juger si le candidat est apte à contrôler ses fonctions mentales sous l'effet d'un froid extrême. Des marathons aquatiques de distances variées sont effectués dans différentes eaux, côtières ou en pleine mer. Les recrues doivent alors exécuter des missions militaires, notamment de sauvetage, de reconnaissance et de destruction sous-marine. L'intensité des exercices varie, de parcours aquatiques faciles de 1,6 km, après une course à pied de 10 km, à des sprints de 400 m intenses, entrecoupés d'activités à terre.

Les ultramarathons aquatiques font rarement partie du programme amphibie des militaires, notamment parce qu'un soldat n'aura jamais à nager sur de telles distances lors d'une stratégie de déploiement. Pourtant, comme nous le verrons dans ce chapitre, les méthodes d'entraînement d'unités comme celles des Navy Seals trouvent des applications directes dans les épreuves de natation extrêmes.

Préparation

Avant de penser nage extrême, vous devrez commencer par prouver vos qualités de nageur, dans la performance et la durée. Il faut au minimum être capable de maintenir une vitesse de

Forces navales américaines – panique et acclimatation en milieu aquatique

Pour être en sécurité dans l'eau ou apprendre de nouvelles techniques, il faut d'abord être capable de continuer à penser rationnellement une fois immergé dans ce milieu, et cela exige quelques ajustements. Les propriétés physiques de l'eau entraînent des modifications au niveau de l'organisme, que le nageur inexpérimenté doit apprendre à gérer pour se sentir à l'aise et en sécurité. Au nombre de ces modifications, on note un changement brusque de température, une humidité, une pression plus importante et une impression d'apesanteur. La masse de l'eau rend la respiration plus difficile, en raison de la pression exercée sur la poitrine. Les ajustements opérés par rapport à ces changements peuvent être source d'une accélération du métabolisme et d'une plus grande anxiété, sous l'effet d'une tension du sujet, entraînant du même coup un sentiment de peur ou de panique. Des expositions répétées et la pratique d'exercices d'adaptation mentale et physique au milieu aquatique, dans un environnement sous contrôle et sûr, permettant aux élèves de surmonter leur peur et de s'acclimater aux différences entre milieux terrestre et aquatique.

3 km/h plusieurs heures. Sachez que la traversée de la Manche exige 12 à 16 heures de nage, et que les nageurs professionnels atteignent des vitesses deux fois supérieures.

Pour vous préparer à une épreuve de nage extrême, commencez par trouver un spot calme et accessible, où vous pourrez vous entraîner régulièrement. La chose est plus difficile qu'il n'y paraît. Ainsi, le spot idéal peut être une voie maritime encombrée, auquel cas vous serez vite intercepté par les garde-côtes. Informez-vous toujours auprès de ces derniers avant de choisir un site en mer ou, mieux encore, intégrez un club de natation local, déjà au fait de la réglementation en la matière. Sur le plan légal, si vous évoluez en mer

Crawl

L'efficacité d'un crawl repose sur plusieurs éléments clés : la nuque et le corps doivent être parfaitement alignés et la respiration coordonnée aux mouvements. Le mouvement régulier et rythmé des bras donne l'impression que le nageur tranche l'eau.

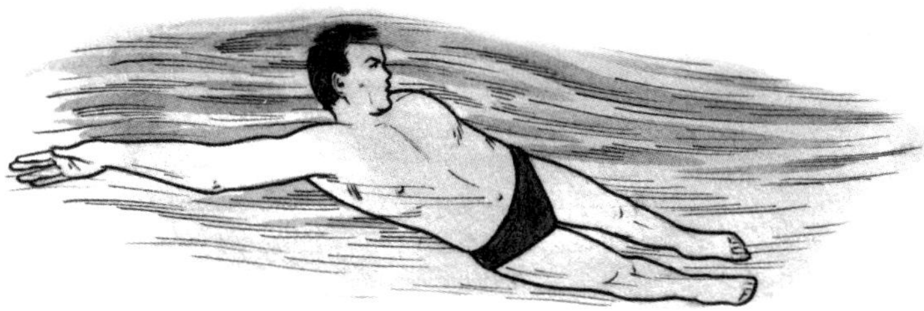

Rafting en eau blanche

La pratique du rafting se déroule sur des rivières faisant l'objet d'un classement en fonction de leur niveau de difficulté : de la classe 1 (facile) à la classe 6 (aux limites de la navigabilité). Les cours d'eau de classe 6 sont si dangereux que les accidents, parfois mortels, ne sont pas rares.

Ravitaillement en eau durant un marathon aquatique

dans les eaux territoriales de deux pays différents, veillez à informer les autorités de chaque pays, au risque d'être perçu comme un migrant au moment où vous regagnerez le rivage. Les garde-côtes sauront par ailleurs vous informer des conditions de mer régnant sur votre parcours. Cette information

Que le marathon soit aquatique ou terrestre, la déshydratation est un problème majeur. L'équipe de soutien doit ravitailler régulièrement le nageur avec des quantités précises tout au long de son effort.

est capitale. Les courants, les marées et l'état de la mer peuvent en effet vous empêcher de nager en ligne droite d'un point A à un point B.

Ainsi, de nombreux nageurs de l'extrême suivent en réalité des parcours en S ou en Z, et choisissent un point de départ autorisant ces changements de direction. La forme finale de votre parcours dépend en partie de la vitesse et de la force de votre style de nage.

Équipe de soutien

Un nageur qui se lance dans un défi devrait être accompagné par une personne ou une équipe qui suivent sa progression à bord d'une embarcation légère. L'équipe de soutien donnera des conseils d'orientation, car garder un cap en évoluant au niveau de l'eau et sans repère est mission impossible, ou presque. L'équipe de soutien est aussi là pour ravitailler le nageur durant sa traversée. Eau et nourriture sont tendues au nageur avec une canne, donnés de la main à la main ou encore placés dans des conteneurs flottants fixés en bout d'une corde (de 15 m de longueur minimum, afin de permettre la dérive du bateau) jetée en direction du nageur. (Lors de certaines épreuves de distance, le nageur est autorisé à prendre place sur un bateau pour boire et se nourrir, avant de regagner l'eau pour reprendre la course.) Gels énergétiques et autres sachets nutritifs peuvent être fixés à des bouteilles d'eau à l'aide de bandes élastiques, en même temps qu'un bâton lumineux, afin de faciliter leur repérage de nuit ou par faibles conditions de lumière. Si vous nagez contre la montre, limitez

Équipement de snorkeling

La randonnée aquatique, ou snorkeling, exige un équipement limité à un masque avec tuba et une paire de palmes. Les palmes fendues, plus souples que les palmes de plongée, améliorent la vitesse de propulsion du nageur.

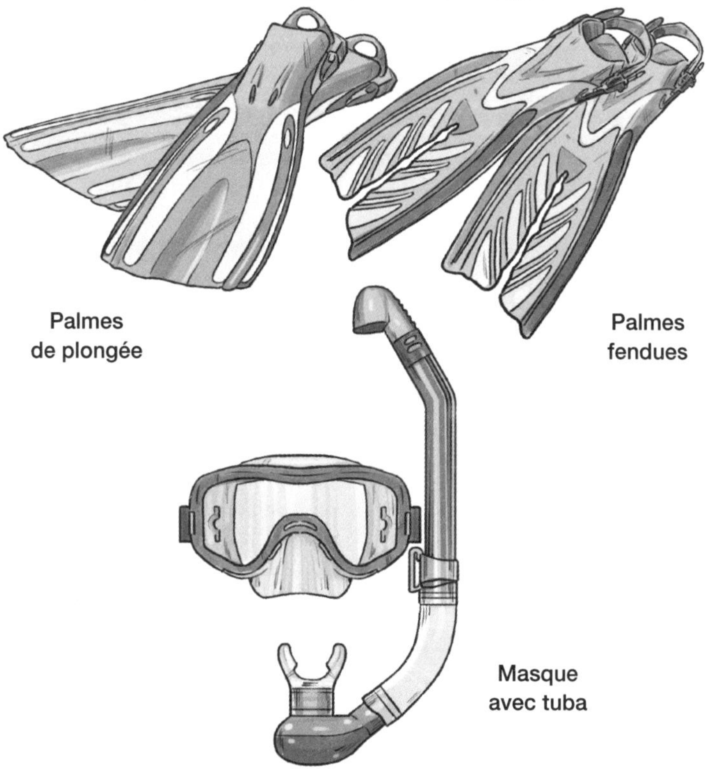

le temps passé à vous nourrir, idéalement à moins d'une minute ou de 30 secondes. Pensez à vous nourrir toutes les heures en début de course, puis toutes les 30 minutes en fin de course, lorsque vos réserves en énergie commencent à faiblir. Le nageur doit être sûr de l'expérience de son équipe de soutien en matière d'ultramarathon aquatique. Toute déficience de la part de l'équipe se traduira au mieux par un échec de la tentative, et au pire par une situation d'urgence mettant la vie du nageur en danger.

Accidents

Ne vous y fiez pas, les mers chaudes sont également source d'hypothermie, lorsque le nageur reste trop longtemps sans faire remonter artificiellement sa température. Le dernier stade de l'hypothermie (défaillance organique, effondrement du métabolisme, coma et mort) peut être atteint lorsque la température corporelle chute en dessous de 32,2 °C. Les épreuves de l'extrême se déroulent rarement dans des eaux glacées, qui auraient pour effet après plusieurs heures de nage d'entraîner une hypothermie, même chez les plus résistants. Mais une température de l'eau entre 13 et 18 °C suffit à affecter les performances physiques, en entraînant baisse d'énergie et engourdissement.

La clé de la réussite passe par l'acclimatation. La Channel Swimming Association (CSA) recommande à tout nageur souhaitant effectuer une traversée de la Manche de prendre régulièrement des douches froides, de nager souvent en mer, y compris en hiver (quelques minutes suffisent). Pour vous entraîner à résister au froid, habituez-vous à dormir durant les nuits d'hiver avec peu de couvertures et fenêtres ouvertes.

Beaucoup de nageurs de l'extrême, du moins ceux qui ne portent pas de combinaisons thermiques, s'enduisent de matière grasse. Cela les isole du froid, les protège un peu des méduses et évite les frottements. (Le frottement de la combinaison est un problème assez répandu, sachant que sur des épreuves comme la traversée de la Manche, un nageur fait en moyenne 45 000 mouvements). Les substances appliquées sur le corps varient, mais la formule standard est à base de lanoline et de vaseline. Le nageur doit veiller à répartir une couche uniforme sur tout le corps, en évitant de garder des traces de graisse sur les mains qui rendraient moins efficaces son « appui » et sa propulsion dans l'eau. Par ailleurs, de la graisse sur les mains peut laisser des dépôts sur le masque ou les lunettes.

Comme toute préparation à une épreuve de l'extrême, la préparation à un marathon aquatique doit débuter des mois avant le défi. Si l'eau est froide, commencez progressivement, avec des séances de nage de 10 à 15 minutes, augmentées de 15 minutes à chaque fois. Peu à peu, vous parviendrez à nager plusieurs heures d'affilée et trois mois avant l'épreuve vous devriez être capable de résister à 7 ou 8 heures de nage en mer, dans des conditions comparables à celles de l'épreuve. Répétez l'exercice durant plusieurs jours,

Dos crawlé

Lors du dos crawlé, les bras effectuent un mouvement en arc de cercle lors de leur course ascendante et restent parfaitement alignés lors de leur course descendante, pour un mouvement de propulsion plus efficace.

mais accordez-vous un strict repos les jours précédant l'épreuve.

Tenir la distance

Les marathons aquatiques en eau libre sont terriblement épuisants. L'ingestion d'eau de mer est souvent source d'inconfort pour le nageur, l'obligeant à nager en souffrant de nausées. L'eau de mer peut à la longue irriter la peau et entraîner des œdèmes (le visage des nageurs de l'extrême est souvent méconnaissable en fin d'épreuve). Débris, y compris rejets polluants des moteurs de bateaux, peuvent être malencontreusement ingérés par le nageur. Les méduses piquent souvent, et les équipes de soutien ont parfois pour mission d'éloigner des requins trop curieux ou agressifs surgissant subitement dans le sillage du nageur.

Outre les problèmes pratiques, le nageur doit se concentrer sur l'effort intense que représente la répétition de mouvements des bras et des jambes durant des heures. La technique de ces styles de nage spécifiques n'est pas abordée ici, mais on suppose qu'un nageur de marathon aquatique la maîtrise. (Dans le cas contraire, mieux vaut éviter de se lancer dans un tel défi.) Néanmoins, quel que soit le style de nage adopté, il est important

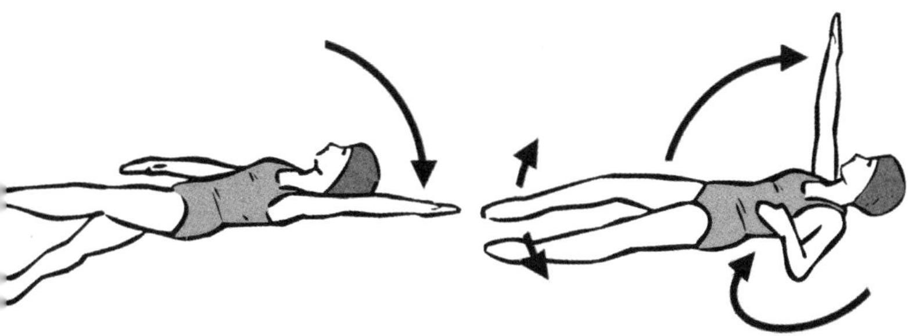

qu'il soit à la fois performant sur le plan énergétique et en termes de distance. En général, les trois styles de nage adoptés pour un marathon aquatique sont la brasse, le crawl et la nage indienne, en plus de nages sur le dos, réservés à des périodes de repos ou à d'autres fins pratiques.

Dès le début de votre entraînement, vérifiez que vous maîtrisez ces nages auprès d'un professionnel, de façon à vous débarrasser de mauvaises habitudes. Le premier objectif est de nager en étant aussi aérodynamique que possible, ce qui aura pour autre avantage de réduire les tensions dans les régions clés du corps, notamment la nuque, le dos et les épaules. Une légère tension est supportable lors d'un effort limité à une heure, mais après plusieurs heures en mer, la douleur peut s'intensifier au point d'obliger le nageur à s'arrêter ou, dans le meilleur des cas, à ralentir son allure, au détriment de son chrono.

Styles de nage

La brasse est le style de nage classique des épreuves longue distance. Le manuel de natation de la marine américaine en explique les raisons : « La brasse est en général considérée comme le meilleur style de nage de survie en eau libre. Ses avantages

Brasse

Des mouvements réguliers et coordonnés offrent une propulsion aérodynamique et moins gourmande en énergie. Le mouvement des bras doit être coordonné à la poussée exercée par les jambes.

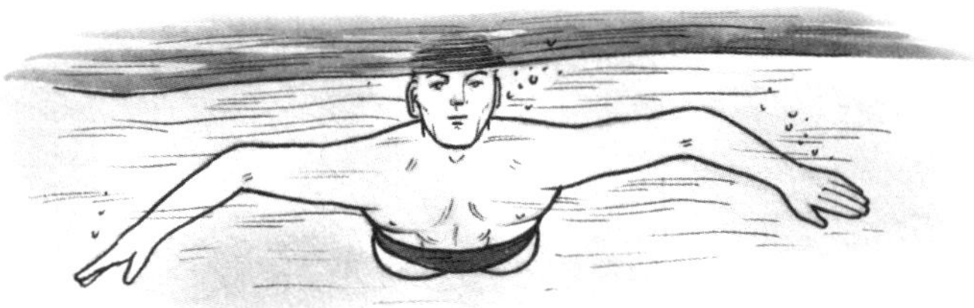

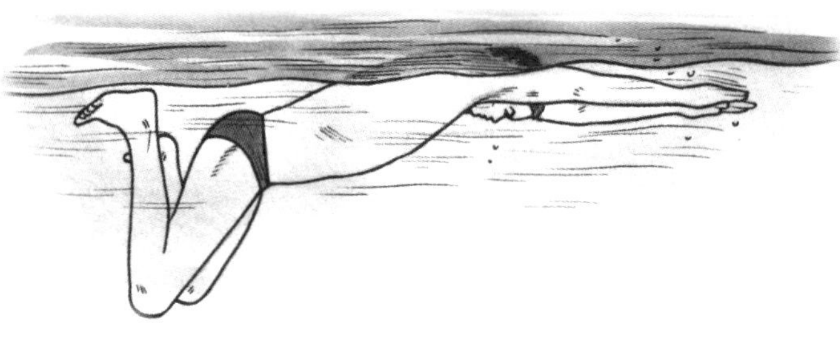

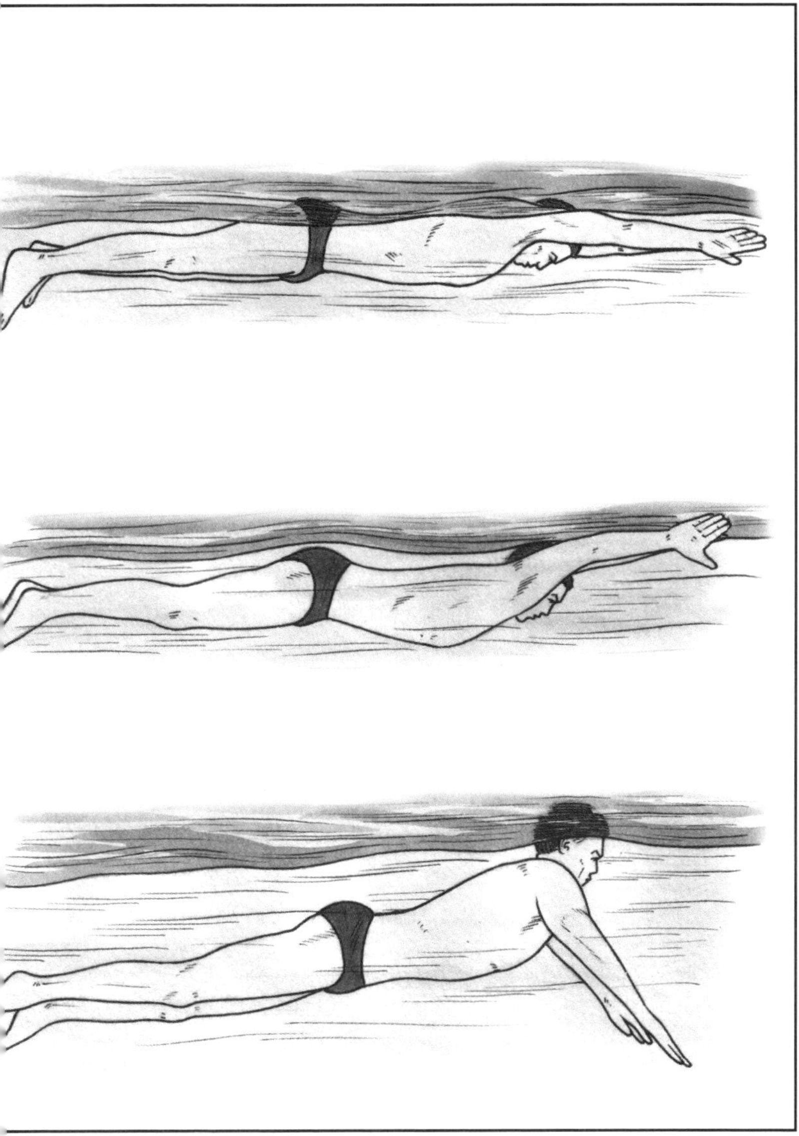

Forces armées américaines – survivre à une attaque de requin

Ne vous éloignez pas des autres nageurs. Le groupe peut assurer une vision à 360°. Un groupe est plus efficace pour affronter un requin.

Évitez d'uriner dans l'eau ou limitez l'émission d'urine à un faible volume, puis laissez-la se dissiper dans l'eau avant de recommencer. Si vous devez déféquer, faites-le en petite quantité et jetez vos excréments le plus loin possible. Faites de même si vous vomissez.

Si l'attaque d'un requin est imminente, débattez-vous et hurlez. Parfois, le fait de hurler sous l'eau ou de taper sans s'arrêter en surface de l'eau suffit à effrayer le requin. Gardez assez de force pour vous battre si nécessaire.

En cas d'attaque, frappez le requin des poings et des pieds. Ciblez les ouïes ou les yeux. En frappant le requin sur le nez, vous pouvez vous blesser en heurtant les dents de l'animal.

sont nombreux, à commencer par une meilleure visibilité, une respiration contrôlée dans une mer agitée (avec la capacité à reprendre son souffle dans le creux de la vague et à plonger la tête sous l'eau au passage de la vague), une propulsion plus efficace, y compris chaussé de bottes ou de rangers, et une glisse plus efficace en termes de dépense énergétique. » (US Navy, *Naval Swimmer and Instructor's Manual*, 8.3). Pour toutes ces qualités, la brasse mérite d'être maîtrisée. Les mouvements des jambes et des bras doivent être coordonnés, puissants et suivis d'une courte glisse durant laquelle la position du corps est cruciale : tête hors de l'eau et nuque alignée à la colonne vertébrale. Une position de glisse aérodynamique permet de parcourir le maximum de distance à chaque séquence de mouvements. La respiration doit être synchronisée avec le début de chaque séquence, la tête légèrement hors de l'eau, bras et jambes prêts à l'action.

Plongée libre

La plongée libre en apnée est une discipline mentale exigeant une incroyable endurance sur le plan cardiorespiratoire. Aussi étonnant que cela puisse paraître, le record du monde actuel de plongée en apnée excède 10 minutes.

Maintenir un cap est la principale difficulté lorsque vous nagez la brasse en mer. Rester à proximité du bateau de l'équipe de soutien est la solution la plus adaptée. Vous pouvez aussi choisir de nager côté bord sous le vent, pour mieux vous protéger du vent et des embruns. Si possible, utilisez quelques repères terrestres pour maintenir votre cap.

La marine américaine enseigne à ses élèves un style de nage militaire particulier, appelé « nage indienne de combat ». Ce style, entre le crawl et la nage indienne, présente de nombreux avantages :

> *La nage indienne de combat est une variante de la nage indienne, largement sollicitée dans les programmes d'entraînement au combat. Plus rapide que la nage indienne, elle offre une bonne*

Kayak

Le kayak diffère du canoë par son assise. Le kayakiste s'assoit jambes tendues vers l'avant et se propulse à l'aide d'une pagaie à deux pales.

visibilité frontale et latérale, et un excellent contrôle de la respiration lors d'une progression en mer agitée. La technique est comparable à celle de la nage indienne classique, à l'exception de la position de la tête et de la respiration. En cours de progression, le nageur fait pivoter sa tête sur le côté, inspire au moment où le bras est au repos, puis replace sa tête sous l'eau lors de la propulsion, au moment où le bras exerce une traction. Cette respiration latérale répétée à chaque séquence complète de mouvements s'apparente à celle sollicitée lors du crawl.

– US Navy, *Naval Swimmer and Instructor's Manual*, 8-5

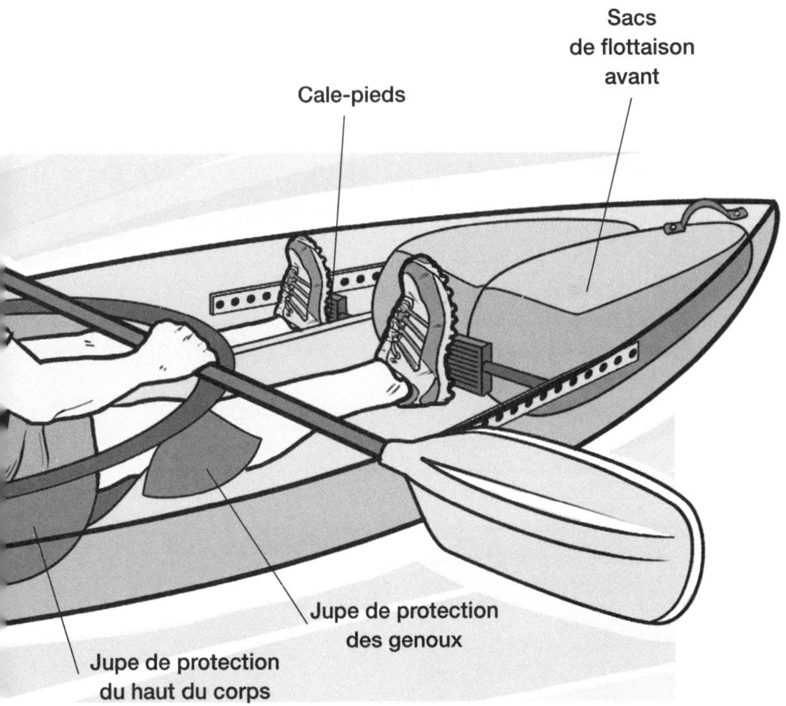

L'esquimautage en canoë

Cette technique peut vous sauver la vie. Procédez par étapes: plaquez les genoux l'un contre l'autre, pivotez les hanches pour incliner le canoë, puis retournez-le en accompagnant le mouvement. Refaites ensuite surface et utilisez la pagaie pour propulser le canoë vers l'avant.

Apprendre la nage indienne de combat aidera le nageur à acquérir un peu plus d'endurance. Ce style de nage peut être utilisé pour garder son avance lors d'une progression dans une mer démontée. Avec une vitesse de propulsion plus élevée que celle de la nage indienne classique, vous maintiendrez plus facilement un rythme soutenu. Entraînez-vous jusqu'à maîtriser parfaitement la nage indienne de combat, avant d'intégrer ce style de nage à votre stratégie de course.

Autres défis aquatiques

La natation est de loin la plus populaire des disciplines d'endurance en milieu aquatique, mais elle n'est pas la seule. La liste de ses disciplines, en incluant celles de la voile, est trop longue pour être abordée en détail. Mais nous vous proposons ici un aperçu de quelques disciplines de conditionnement physique extrême en milieu aquatique.

Plongée libre

La plongée libre est un terme générique désignant les disciplines sportives qui consistent à plonger et à rester sous l'eau le plus longtemps possible en retenant sa respiration, sans équipement spécifique. On distingue différentes formes, chacune placée sous l'autorité de structures distinctes. Certaines se limitent à une plongée ayant pour objectif de retenir sa respiration le plus longtemps possible. D'autres, plus exigeantes, impliquent une descente en apnée à grande profondeur le long d'une corde qui fait office de guide. Les cinq grandes disciplines de l'apnée sont l'immersion libre, l'apnée en poids constant, l'apnée en poids constant avec palmes, l'apnée en poids variable et le No Limit.

Les données physiologiques de la plongée libre sont impressionnantes. Les professionnels descendent à plus de 100 m de profondeur, avec un rythme cardiaque incroyablement bas, les membres privés de circulation sanguine du fait de la vasoconstriction, les poumons dangereusement comprimés (curieusement, cela peut donner à l'apnéiste l'impression d'avoir une grande réserve d'oxygène). Sensation de désorientation, hallucinations et voile noir résultent de la privation d'oxygène ; un cocktail explosif, responsable de la mort de plusieurs apnéistes de renom.

Les dangers inhérents à la plongée libre incitent l'amateur à la prudence. Pour pratiquer, commencez par rejoindre un club agréé et suivez un programme d'entraînement approuvé par des apnéistes professionnels. L'entraînement présente deux aspects essentiels : le contrôle de la respiration et celui des muscles sous l'effet d'une privation d'oxygène. Le premier repose sur un entraînement à des techniques complexes, comme l'hyperventilation (pour une oxygénation maximale du sang), des techniques respiratoires particulières et bien sûr l'apprentissage de l'apnée. Il fait aussi appel à la méditation et à des

Entraînement	Description
Allure soutenue	20 à 40 minutes à une allure de nage vous permettant à peine de soutenir une conversation.
Fractionné	Trois ou cinq séances de nage de 300 à 500 m, à allure rapide, avec 2 minutes de repos entre chacune.
Fartleks	Durant 20 minutes, alternez 1 minute rapide et 1 minute à allure modérée.
Long et lent	6000 m de nage à allure modérée.
Contre la montre	2000 m de nage à allure de compétition.

– Patrick Deuster (éd.), *US Navy SEAL Physical Fitness Guide*, p. 44

techniques mentales visant à combattre la panique, mais aussi l'urgence biologique de rechercher une bouffée d'air. Le second aspect est développé en mêlant techniques de blocage de la respiration et activités physiques. Par exemple, à terre, l'apnéiste bloque sa respiration durant une minute, puis se met à courir le plus longtemps possible, jusqu'à ressentir l'urgence à respirer à nouveau. Certains arrivent ainsi à parcourir des centaines de mètres. Cela entraîne efficacement le corps en anaérobie.

La plongée libre est une discipline en plein essor, et ceux qui la maîtrisent développent une incroyable condition physique, une sensation de confort inégalée dans l'eau et un contrôle de leurs fonctions mentales développé. Au-delà de l'intérêt que peut susciter l'apnée, il convient de rester prudent et de se livrer à un bilan cardiaque complet avant de débuter.

Aviron

L'aviron est immensément populaire, notamment en raison de la diversité des techniques, des bateaux et des configurations d'équipage. Il se pratique à bord de bateaux où les rames sont maintenues à la coque du bateau. Dans les autres sports de rame (comme le rafting), la pagaie (unique) n'est pas fixée au bateau. Ainsi, dans l'aviron, l'essentiel de la propulsion est assuré par le rameur assis sur un siège roulant, qui tend les jambes et ramène les bras vers le tronc pour transmettre la force aux avirons. Dans les sports de rame, la force est essentiellement appliquée par les bras et les épaules.

Équipage de dinghy

La pratique de la rame à plusieurs exige un esprit d'équipe, sachant que, sans ce travail collectif coordonné, vous dépenserez beaucoup d'énergie à ne pas progresser dans la direction souhaitée. Chez les Navy Seals, les équipages de dinghy s'en remettent souvent aux ordres d'un meneur pour diriger la manœuvre.

L'aviron est une excellente discipline de développement physique. Elle sollicite tout le corps, en renforçant les grands groupes musculaires et l'endurance cardiovasculaire. Elle développe aussi la souplesse, en soumettant les membres à une amplitude de mouvement maximale. L'aviron propose de nombreuses épreuves d'endurance, en eau douce et en mer. En Grande-Bretagne par exemple, le Boston Rowing Marathon prend la forme d'une course de 50 km organisée chaque année en septembre et ouverte à toutes les formes de la discipline. Pour ceux qui souhaitent se lancer dans un défi plus extrême, la Traversée de l'Atlantique à la rame est une course bisannuelle couvrant 4 700 km, entre les Canaries et les Antilles. L'épreuve en duo exige un bateau technologiquement sophistiqué, une organisation parfaite pour gérer les provisions nécessaires et une endurance sans faille.

L'aviron et les forces spéciales

Les unités des forces spéciales comme les Navy Seals entraînent leurs recrues aux techniques de l'aviron et de la rame dans le cadre d'un déploiement amphibie, à l'aide de kayaks ou de bateaux gonflables. L'*US Navy SEAL Physical Fitness Guide* recommande aussi l'entraînement sur rameur statique pour développer la force et l'endurance. (De nombreux gymnases organisent des épreuves de marathon sur rameurs statiques, ce qui évite d'avoir à se mouiller pour apprécier les bienfaits de cette discipline.) Dans son manuel, la marine américaine fait quatre recommandations pour profiter d'un entraînement au rameur statique :

- *La séquence complète de mouvements doit être fluide.*
- *Ciblez une cadence de 24 à 30 coups par minute.*
- *Ne serrez pas la poignée de tirage et maintenez-la à hauteur de poignets.*
- *La règle en la matière consiste en un effort prolongé plutôt qu'intensif.*

– Patrick Deuster (éd.), *US Navy SEAL Physical Fitness Guide*, p. 43

Comme le fait remarquer le manuel, le problème avec un rameur statique tient à l'ennui qu'il génère, sans offrir de changement de paysage dans le cadre confiné d'un gymnase. Un ennui accentué par une routine invariable. Aussi le manuel suggère-t-il quelques techniques de rame alternatives, pour apporter un plus de motivation dans l'exercice, tout en améliorant votre technique.

L'entraînement qui associe différents exercices participe efficacement à développer une endurance utile dans bien d'autres disciplines. Intégrez-le à tout programme de conditionnement physique général.

Quand il pratique l'aviron, le rameur doit se soucier de bien plus de choses que lorsqu'il est assis sur un rameur statique. Il doit non seulement faire attention à la coordination, lorsqu'il est en duo ou au sein d'un équipage, mais aussi à la navigation, lorsqu'il doit affronter des conditions de mer et gérer la pression physique alors qu'il se retrouve exposé aux éléments. Il doit aussi maintenir la cadence, quel que soit l'environnement.

Technique d'aviron

En aviron, la propulsion est assurée par la poussée des jambes, avant le retour des rames à l'aide des bras.

Analyse de la technique

Avant de pratiquer une discipline à un niveau intensif, prenez conseil auprès d'un professionnel qui jugera de votre technique et corrigera les mauvaises habitudes. Dans l'aviron, les quatre éléments clés sont : la prise d'appui, la poussée, le dégagé et la phase de replacement. La phase de prise d'appui désigne le moment où les rames entrent dans l'eau. Les jambes sont alors fléchies. Pour appliquer une poussée, autrement dit une propulsion, les jambes sont détendues, alors que le dos garde son inclinaison vers l'avant. Durant cette phase, les bras sont en extension. N'oubliez jamais que, dans l'aviron, la puissance est avant tout fournie par les jambes, le bassin et le dos, et non par les bras. Le dégagé arrive en fin d'extension des jambes, lorsque le rameur s'incline vers l'arrière et ramène les bras vers la poitrine (les poignées des rames terminent leur course à hauteur de la cage thoracique). La phase de replacement débute quand le rameur a sorti les palettes de l'eau, et se prépare à reprendre sa prise d'appui.

Les quatre phases doivent être accomplies sans heurt et avec puissance, par un rameur endurant. La cadence à l'aviron se situe entre 20 et 50 coups par minutes, ce qui explique que la moindre imperfection se solde par des douleurs musculaires. Gardez la tête droite et regardez droit devant, sans hausser les épaules au cours de la prise d'appui. Veillez à bien respirer – expirez à la prise d'appui, inspirez dans la phase de replacement.

Dans les épreuves d'endurance, la réussite passe par la régularité du geste et le maintien du rythme. Évitez les changements de cadence, source de fatigue et de ralentissement. Mais à l'entraînement, programmez des variations de cadence pour améliorer votre condition physique et votre endurance musculaire. Par exemple, divisez votre séance en séquences de 15 minutes, en débutant par une cadence de 20 coups par minute, puis de 30 coups par minute durant la 15e minute. Puis reprenez à une cadence moindre et répétez l'exercice. Cette routine vous habituera à intensifier votre effort à la demande. Pour équilibrer votre programme, faites de longues séances d'aviron, à 50-75 % seulement de votre vitesse de compétition, en vous concentrant sur la technique.

Conditions d'entraînement

Il est important de s'entraîner dans les conditions de l'épreuve. Habituez-vous à la cadence et au rythme de progression dans les vagues et à contre-courant et, comme dans les épreuves de nage d'endurance en eau libre, veillez à ne pas empiéter sur une voie de navigation à fort trafic. Que vous pratiquiez en eau douce ou en mer, sachez que l'aviron est une discipline idéale pour se bâtir un corps d'athlète.

Technique au rameur

L'illustration ci-dessous montre une séquence de mouvements complète au rameur. Les jambes sont totalement fléchies avant la poussée, puis en extension complète, avant une traction sur le câble à l'aide des bras.

1

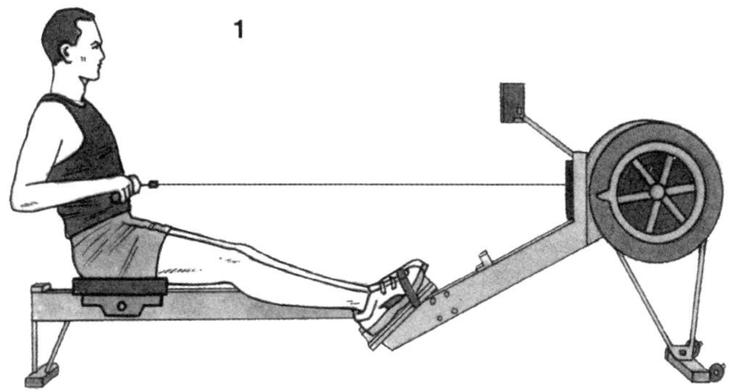

2

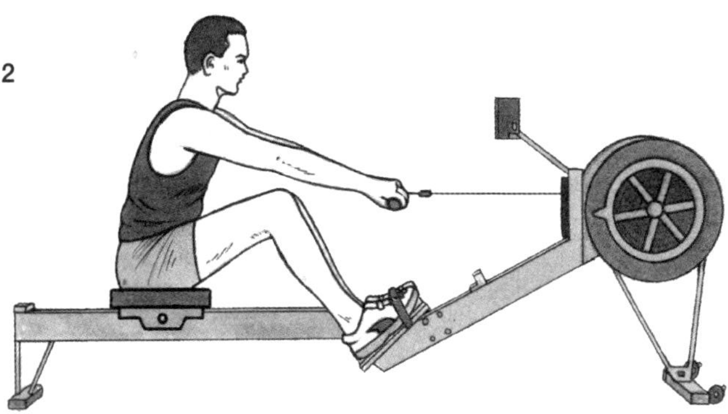

3
4
5

Crossfit
Al Asad

Entraînement en résistance extrême

L'entraînement de la force peut être une fin en soi. Mais la pratique d'exercices de musculation et le travail en résistance peuvent aussi améliorer la performance dans différentes disciplines en renforçant la musculature.

L'entraînement de la force a longtemps été encouragé par les unités des forces spéciales, au sein des programmes officiels mais aussi en tant qu'activité annexe. Il faut toutefois savoir que les unités militaires incitent rarement leurs soldats à avoir un physique de bodybuildeurs. Ceux qui font de leur musculature une œuvre d'art sont de vrais athlètes dans leur domaine, mais ne sont pas nécessairement adaptés aux exigences militaires. En effet, si les profils de musculature sont variés, sachez que des muscles très développés ne sont pas synonymes de force, de vitesse et d'endurance. En réalité, nombre de bodybuildeurs imposants se fatiguent rapidement, notamment lorsqu'il s'agit de porter une lourde charge. Par ailleurs, les articulations des personnes à la stature imposante, qu'il s'agisse d'obèses ou de bodybuildeurs, sont souvent plus fragiles que celles de personnes au physique plus léger.

En matière d'entraînement de la force, il est essentiel de distinguer ceux qui visent la performance et ceux qui cherchent à sculpter leur corps. Ce chapitre ne s'intéresse pas à ces derniers, car le bodybuilding est un domaine du développement physique qui n'est pas nécessairement lié au conditionnement physique extrême.

Page ci-contre : la force physique est aussi importante que la vitesse et l'endurance.

Banc de musculation multifonctions

Un banc de musculation multifonctions de qualité est conçu pour faire travailler tous les grands groupes musculaires. À chaque séance, ciblez des muscles spécifiques, comme ceux des bras et du haut du corps, ou des jambes et des abdominaux.

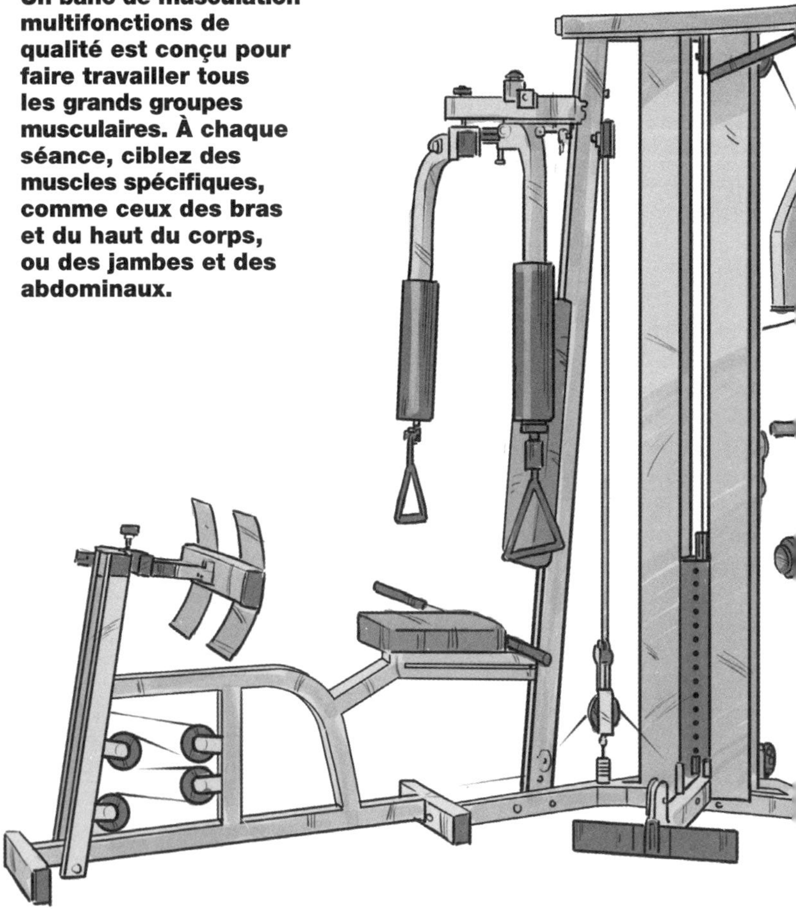

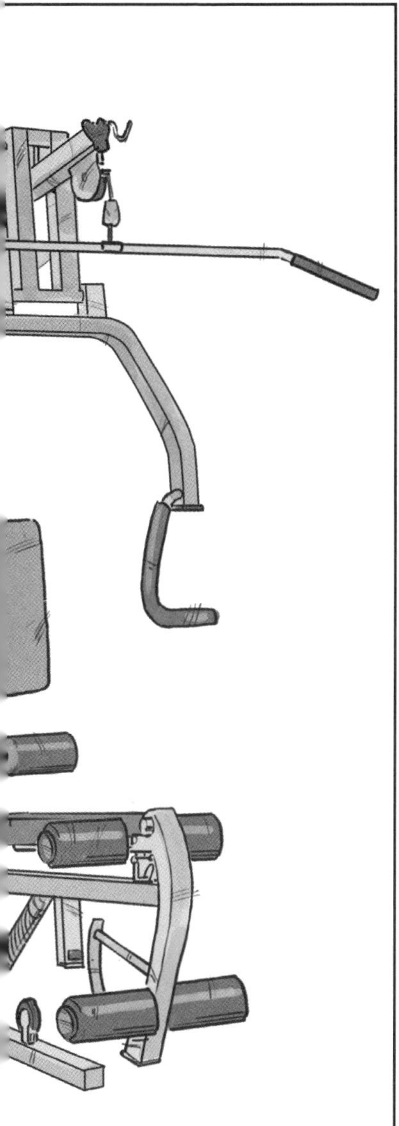

L'entraînement de la force visant la performance sera notre propos. Le manuel de conditionnement physique des Navy Seals résume la finalité de l'entraînement de la force dans un contexte militaire :

> *L'entraînement de la force a pour but son utilisation fonctionnelle dans des missions spécifiques. La force pure seule n'améliore pas la performance d'une mission, mais la conversion de cette force en endurance musculaire y participe. Votre programme d'entraînement doit cibler l'amélioration de votre force appliquée – une augmentation de la force appliquée améliorera vos performances dans les tâches physiques exigées lors de vos missions. Ce chapitre présente concepts et informations pratiques pour développer une force musculaire et une endurance optimale en vue de la performance de vos missions et de la prévention des blessures.*
>
> – Patrick Deuster (éd.), *US Navy SEAL Physical Fitness Guide*, p. 98

L'entraînement de la force adapté à des exigences spécifiques vous aidera à trouver de nouveaux niveaux d'endurance appliquée, quelle que soit votre discipline première. L'entraînement de la force a atteint une sophistication telle que les

Flexion des biceps

Coude sur le genou, soulevez l'haltère avec un mouvement de rotation interne du bras, puis revenez à la position de départ. Utilisez la force du bras et non la rotation du tronc pour soulever l'haltère.

exercices peuvent être adaptés à des groupes musculaires spécifiques. Par ailleurs, le développement musculaire général présente des bienfaits sur le plan de la performance. Par exemple, si vous êtes un coureur, l'entraînement à la musculation ciblant les membres inférieurs aura d'évidentes applications pratiques, mais le développement des muscles profonds à travers un travail de gainage vous apportera plus de stabilité et de puissance en course.

Musculation et entraînement en résistance sont un vaste sujet, qui décline une large variété d'exercices. De préférence, faites appel à une équipe de professionnels pour acquérir l'éventail des techniques disponibles. Ce chapitre se concentre sur la compréhension des principes fondamentaux de l'entraînement de force et sur la façon dont ils influent sur le profil d'un athlète de l'endurance.

Force sans poids

Toute recrue des forces armées se retrouvera confrontée à la pratique d'exercices de résistance. Fondamentalement, un exercice de résistance est un exercice où les muscles sont soumis à une contraction pour s'opposer à un poids ou une force.

Les pompes sont un bon exemple. La personne qui fait des pompes force sur les muscles du dos, de la poitrine et des bras pour réaliser une série d'abaissements et d'élévations de la masse du corps. Le nombre de répétitions dépend de la force musculaire et du type de programme d'entraînement suivi. Les exercices de résistance incluent également des activités typiquement pratiquées dans une salle de musculation, comme le développé couché ou le rowing haltère.

Si une salle de musculation offre les équipements nécessaires pour cibler un travail en résistance, l'entraînement militaire prouve que vous n'avez pas besoin d'haltères pour renforcer votre corps et développer votre musculature. Le calisthenics, basé sur des exercices utilisant uniquement le poids du corps comme source de résistance, est pratiqué depuis longtemps par les soldats soucieux d'entretenir leur condition physique.

Avant de nous intéresser à quelques routines de calisthenics, clarifions quelques concepts basiques de l'entraînement en résistance :

Exercice – l'activité à pratiquer, comme des pompes, des relevés de buste ou des squats extension.
Répétition – séquence individuelle de l'exercice. Par exemple, dans un exercice de pompes, un mouvement de haut en bas constitue une répétition.
Série – un nombre donné de répétitions effectuées sans temps de repos, par exemple une série de 15 pompes.
Volume d'entraînement – une référence au nombre de séries effectuées d'un exercice donné, par exemple trois séries de 10 pompes.

Tractions

Les tractions font travailler les muscles des bras autant que ceux du dos, de façon symétrique, de chaque côté de la ligne centrale du dos.

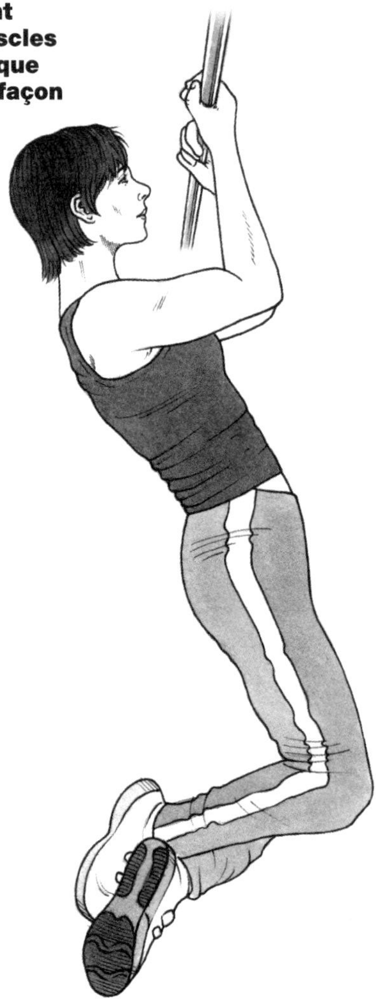

Élévation jambes fléchies

Allongé en position de départ du relevé de buste, placez les doigts de chaque main sous le creux des reins. Décollez les pieds du sol, jusqu'à fléchir les genoux à 90°. Contractez les abdominaux, comme si vous vous prépariez à recevoir un coup de poing dans l'abdomen. Pour mieux rentrer le ventre, imaginez que vous vouliez rapprocher le nombril de la colonne vertébrale. Prenez conscience de la pression exercée au niveau des doigts sous l'effet de la contraction de vos abdominaux. Maintenez cette même intensité de pression en étirant doucement les jambes. Dès que vous ressentez un changement d'intensité de pression au niveau des doigts, reposez les jambes au sol, en position initiale, et répétez l'exercice après 1 minute de récupération.

Repos – période de temps consacrée à la récupération entre chaque série.

Un entraînement de calisthenics efficace, et la musculation en général, repose sur le suivi d'un programme, impliquant une progression volontaire et contrôlée dans les répétitions et séries des exercices. Il y a différentes options dans la façon de contrôler cette progression. Vous pouvez définir votre série en fixant un temps limite donné. Par exemple, une série peut se définir au nombre de pompes que vous pourrez effectuer en 15 secondes. Pour intensifier l'entraînement, vous pouvez tenter de faire plus de pompes dans le même temps, ou augmenter la durée de l'exercice. Vous pouvez aussi augmenter le nombre de séries. Une autre option de progression consiste à accroître au fil du temps le nombre de répétitions par série. Par exemple, la première semaine de votre programme d'entraînement, effectuez trois séries de 20 pompes, puis passez à 25 répétitions la semaine suivante, 30 répétitions la semaine trois, et ainsi de suite.

Développement progressif

Vous pouvez bien sûr créer et associer différentes stratégies pour varier votre routine. Dans tout entraînement en résistance, la répétition d'un exercice à une même intensité durant des semaines n'aide pas à progresser.

Élévation jambes fléchies

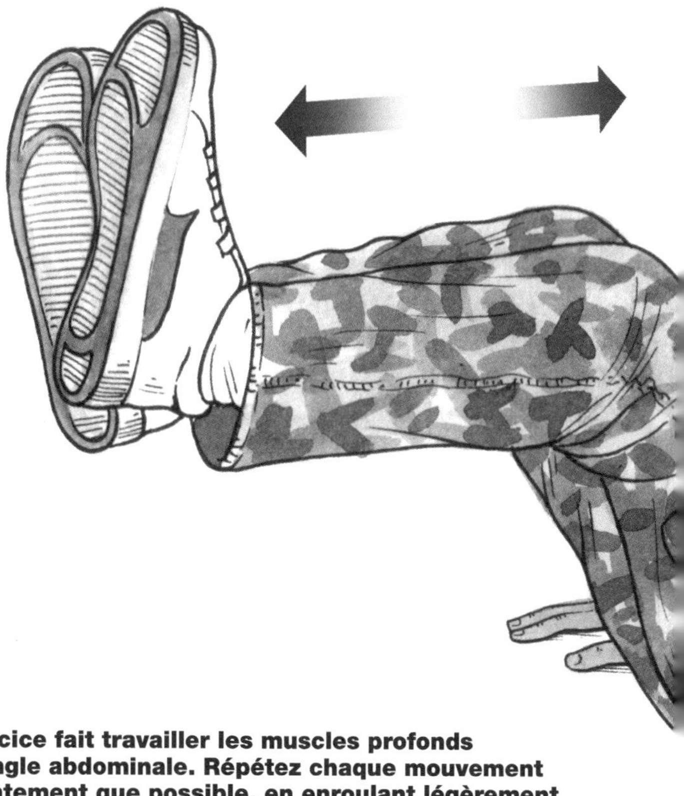

Cet exercice fait travailler les muscles profonds de la sangle abdominale. Répétez chaque mouvement aussi lentement que possible, en enroulant légèrement le haut du dos de façon à isoler les abdominaux.

Pour expliquer cela, il faut comprendre la façon dont un entraînement en résistance conduit à gagner en force et masse musculaire. En sollicitant vos muscles de façon intensive, par exemple en les soumettant à un stress extrême, de microdéchirures se créent dans le tissu musculaire. En cicatrisant, le tissu musculaire se renforce pour s'adapter aux nouvelles contraintes. Ce processus de ruptures et de réparations est le premier mécanisme du développement de la force.

Le corps finit toutefois par s'ajuster au niveau de contrainte. Cela signifie que, si vous persistez à pratiquer le même exercice à un même volume d'entraînement, le développement musculaire cessera de progresser. D'où l'intérêt d'un entraînement en résistance progressif. L'augmentation de l'intensité de la contrainte « force » le corps à se hisser à un niveau de puissance supérieur. On peut parvenir au même effet en pratiquant un nouveau type d'exercice auquel le corps ne sera pas habitué.

Calisthenics

Le monde du calisthenics compte des dizaines d'exercices de difficultés et de défis variés. Hormis les célèbres pompes, tractions et relevés de buste, il existe des exercices de musculation aux noms parfois étranges, comme le moulin à vent, le battement de jambes, le relevé de genoux bras tendus, ou encore l'exercice du skieur de fond. Les techniques propres à ces exercices sont largement documentées en ligne, notamment sur le site calisthenics-france.blogspot.fr. Pour apprendre ces techniques, et lors de tout exercice d'entraînement de la force, il est indispensable de suivre les instructions à la lettre. Pratiquez les répétitions jusqu'au bout, selon l'amplitude de mouvement indiquée et en veillant à garder une posture correcte tout au long de l'exercice, notamment au niveau de la colonne vertébrale et du cou. Si vous sentez qu'un manque de force peut nuire à la suite de l'exercice, arrêtez-vous, récupérez et recommencez, si possible en diminuant légèrement les répétitions, de façon à conserver des forces.

Les routines de calisthenics sont plus efficaces lorsqu'elles sont en circuit, c'est-à-dire en une séquence comportant plusieurs stations (ces stations pouvant se trouver au même endroit d'une pièce). Vous pouvez mettre au point différents types de circuits, il n'y a aucune limite. Pour de meilleurs résultats, faites toutefois en sorte de les organiser autour d'un thème et d'en changer en cours de semaine. Les thèmes peuvent être destinés à renforcer des groupes musculaires sollicités dans un sport spécifique, mais veillez bien à ce que les exercices ne ciblent pas une seule partie du corps. Par exemple, pour améliorer la force et l'endurance du haut du corps, en vue de la pratique de l'aviron, concentrez-vous sur le travail des bras, des épaules, du dos

Répulsions aux barres parallèles

L'exercice développe la puissance des bras. Abaissez le corps, jusqu'au fléchissement des bras à 90°.

Relevés de buste

D'une position de départ, allongé sur le dos au sol, rapprochez le plus possible la tête des genoux. Alternez cette technique en effectuant des contacts alternés coude et genou opposés. Maintenez vos mains en appui sur la tête, sans forcer, afin de prévenir toute tension au niveau du cou.

Entraînement en circuit

Les huit stations classiques d'une routine d'entraînement en circuit.

et de la sangle abdominale, avec un circuit ainsi organisé :

Station 1 – pompes (60 s)
– repos (30 s)
Station 2 – abdominaux (60 s)
– repos (30 s)
Station 3 – burpees (60 s)
– repos (30 s)
Station 4 – sauts en étoile (60 s)
– repos (30 s)
Station 5 – sprints (60 s)
– repos (30 s)

Station 6 – répulsion triceps (60 s)
– repos (30 s)
Station 7 – tractions à la barre (60 s)
– repos (30 s)
Station 8 – fentes (60 s)
– repos (30 s)
Station 9 – exercice de niveau 1 [une série : 8 pompes, 8 squats extension alternés] (60 s)
– repos (30 s)
Station 10 – nageur (60 s)
– repos (30 s)
Station 11 – pompes bras écartés (60 s)
– repos (30 s)
Station 12 – répulsions aux barres parallèles
– repos (60 s)
(Répétez trois fois)

Forces armées américaines – le sauteur en hauteur

Objectif : cet exercice est conçu pour améliorer le saut et l'atterrissage, stimuler l'équilibre et la coordination, développer la force explosive.
Position de départ : posture penchée en avant.
Cadence : MODÉRÉE
Décompte :

1. Balancez les bras vers l'avant et sautez de quelques centimètres.
2. Balancez les bras vers l'arrière et sautez de quelques centimètres.
3. Balancez les bras vers l'avant et au-dessus de la tête en sautant.
4. Répétez à partir de 2, puis revenez en position de départ.

Points à contrôler :
En position de départ, les épaules, les genoux et les plantes des pieds doivent être parfaitement alignés selon un axe vertical.
À 1, les bras sont parallèles au sol.
À 3, les bras sont tendus au-dessus de la tête. Le tronc et les jambes doivent être alignés. À chaque atterrissage, les pieds pointent vers l'avant et leur écartement est celui de la largeur des épaules.
L'atterrissage doit être effectué en souplesse, de la plante des pieds au talon. À chaque atterrissage, les épaules, les genoux et les plantes sont parfaitement alignés selon un axe vertical.

Tractions avec charge

Lorsque vous aurez atteint un niveau suffisant, intensifiez le travail en vous lestant d'un poids pour accroître le développement musculaire.

Dans ce circuit, les exercices ciblent le haut du corps et les abdominaux. Mais se limiter à cela provoquerait un déséquilibre musculaire. Aussi des exercices comme les sauts en étoile ou les fentes offrent une sorte de rupture sur le plan physique, tout en participant à l'amélioration de la forme physique sur un plan général.

L'organisation de circuits efficaces est abordée au chapitre suivant. Inutile de préciser que le calisthenics est idéal pour le développement physique, le tout sans équipement sophistiqué. Néanmoins, il va sans dire qu'une salle de musculation bien équipée aide à obtenir de bons résultats, à condition de faire preuve de discipline et d'engagement.

Musculation

Il existe un grand débat sur l'intérêt des machines par rapport à la musculation pratiquée avec poids

Force athlétique

La force athlétique exige un alignement vertical entre les mains qui effectuent la prise et les épaules. Maintenez le cou en position naturelle, regard dirigé vers l'avant.

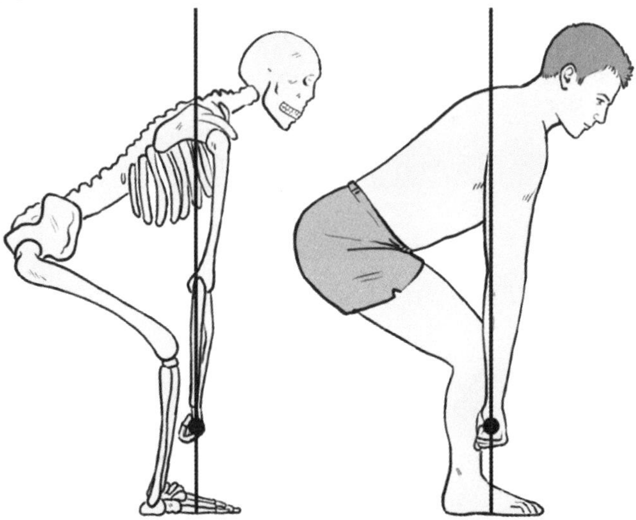

libres. On peut se contenter d'affirmer que l'un et l'autre ont des avantages et des inconvénients, et que les deux peuvent être bénéfiques. Néanmoins, quelques explications s'imposent.

Musculation avec poids libres

De nombreux athlètes et bodybuildeurs professionnels font de la musculation avec poids libres la plus noble des méthodes d'entraînement. Un de ses premiers avantages est qu'un jeu d'haltères, une barre à disques et un banc de musculation pliable sont un investissement relativement bon marché, et permettent aussi de pratiquer où bon vous semble. Dans une salle de sport professionnelle, vous aurez à disposition un assortiment varié d'haltères et disques, mais aussi d'autres poids libres, comme le médecine-ball et les kettlebells, pour inventer différentes formes d'exercices.

La musculation avec poids libre a également pour atout de faire travailler davantage de groupes musculaires, grâce à une plus grande amplitude de mouvement et à l'effort consacré au maintien de l'équilibre. En faisant appel à vos muscles « stabilisateurs »,

Médecine-ball

Ballon d'entraînement lesté, le médecine-ball développe le travail pliométrique, soit la sollicitation des muscles à une force maximale et sur de courtes durées, pour développer la force explosive.

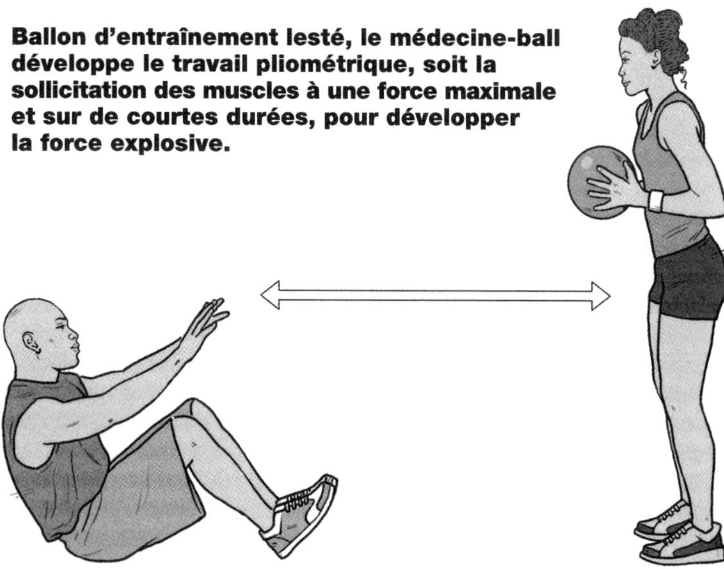

Développé assis

Maintenez les haltères au niveau des épaules, paumes vers le haut. Tendez les bras complètement vers le haut. Gardez la position quelques secondes avant de revenir en position de départ et de répéter l'exercice. Ne bloquez pas vos épaules.

Exercices avec kettlebell

Développé en Russie, l'entraînement au kettlebell améliore force et souplesse, tout en constituant un excellent entraînement cardio.

Soulevé de terre

Figure huit

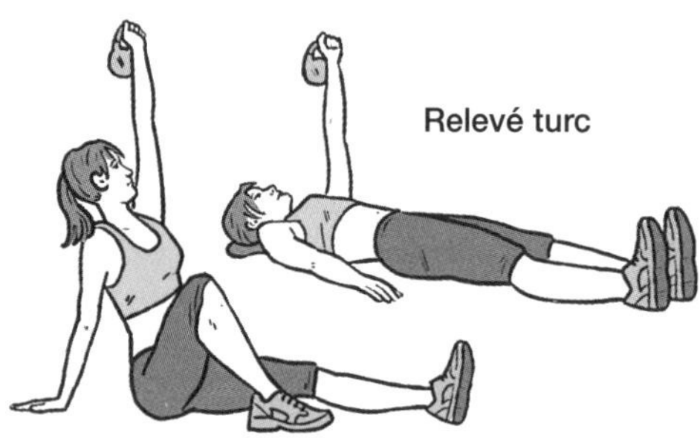

Relevé turc

Autour du corps
Squat
Swing

Flexion des avant-bras concentrée

Débutez avec la barre à disques face à vous, en plaquant vos bras contre le banc de musculation. Exécutez l'exercice très lentement, en veillant à garder le corps immobile, en dehors du mouvement des bras.

votre corps se développe de façon plus uniforme, avec plus de force dans la sangle abdominale. Ceux qui souhaitent améliorer leur condition physique en vue de la pratique d'autres disciplines sportives pourront avec poids libres créer des exercices sur-mesure. Les possibilités d'adaptation sont presque sans limites, notamment si vous utilisez des kettlebells. Par exemple, une fente avant classique peut se transformer en une routine de renforcement des cuisses et de développement de la sangle abdominale si vous soulevez une kettlebell de 12 ou 16 kg au-dessus de votre tête.

Un développement musculaire plus uniforme, des variantes infinies et un investissement peu coûteux… La musculation avec poids libres s'impose souvent naturellement.

Soulevés de terre

Notez la prise inversée, avec une main en pronation (paume vers soi) et l'autre en supination (paume dirigée vers l'avant), pour un meilleur équilibre lors du soulevé.

Côté inconvénients, il est plus ardu de réaliser les exercices de façon « correcte ». Par ailleurs, le travail se fait avec des poids plus légers, ce qui engendre des progrès plus lents, comparés à ceux que vous constaterez avec une machine. Ne cherchez pas à brusquer les choses, sous peine de vous blesser. Enfin, de nombreux exercices avec poids libres exigent la présence d'une tierce personne, prête à intervenir en cas de défaillance musculaire de votre part. Cette obligation peut être contraignante pour ceux qui veulent s'entraîner seuls.

Machines de musculation

Ces machines sont conçues pour faire travailler des groupes musculaires spécifiques. Ainsi, le très populaire tirage poitrine à la poulie haute cible les grands dorsaux et un groupe d'autres muscles de la ceinture scapulaire. Si les machines de musculation sont souvent simples d'utilisation et à même de vous indiquer si votre posture est correcte, elles ont pour inconvénient de vous exposer à un risque accru de blessures en soumettant vos muscles à trop d'efforts. À l'inverse, parce que la pratique de la musculation à l'aide d'une machine n'exige pas la présence d'une tierce personne, vous pourrez travailler en résistance de façon plus intense et sécurisante qu'avec des poids libres.

Si vous avez pour objectif de développer certains aspects de votre physique, les machines de musculation restent la voie la plus directe pour y parvenir. Le ciblage musculaire proposé par une machine permet de faire travailler les muscles que vous jugez nécessaire de renforcer. L'avantage est appréciable lorsque vous souhaitez récupérer d'une blessure, contrôler le travail de muscles vulnérables, ou éviter de trop solliciter certains muscles.

Mais les machines de musculation ne renforcent pas les muscles stabilisateurs mentionnés plus haut, ce qui signifie qu'un entraînement limité à ces équipements ne sera pas suffisant pour développer une force musculaire uniformément répartie, comme le permet la pratique de la musculation avec poids libres.

Principes clés

Comme nous venons de le voir, rien ne départage vraiment la musculation avec poids libres de celle avec machines. Pour tout dire, l'intégration des deux formes de musculation à votre routine est à la fois pratique et utile. Restez seulement conscient des limites et des possibilités offertes par ces deux formes d'entraînement.

Quel que soit l'exercice que vous pratiquerez en salle de musculation, sachez que tout réside dans la forme. Vous aurez l'occasion d'observer les esprits compétiteurs hisser des poids très lourds dans un mouvement brusque, avec le dos et les épaules flanchant sous l'intensité de l'effort au fur et à mesure des répétitions (signe qu'ils utilisent la dynamique de l'élan bien plus que la force physique pour soulever des poids). Une technique approximative peut causer une blessure. Les Navy Seals veillent à ce que leurs athlètes puissent passer assez de temps dans une salle de musculation et redoublent de conseils sur la façon de s'entraîner en toute sécurité :

Cage à squat

La cage à squat permet de s'entraîner en toute sécurité, avec des poignées réglables et des ajustements pour le support d'haltères évitant tous risques de blessures.

Ne concentrez pas tout votre temps et votre énergie à forcer sur la musculation. Il n'est pas nécessaire d'ajouter du poids pour en éprouver les bienfaits. Une bonne technique de soulevé prévient les blessures. Veillez à bien exécuter votre soulevé pour éviter les blessures. Suivez un programme bien conçu et supervisé pour un développement de la force sur le plan général.

Vous pouvez parfois vous lancer dans une seconde série pour vous stimuler, mais en général une série suffit pour gagner en force. Exécutez une série avec un poids qui ne puisse pas être soulevé plus de 8 à 12 fois, en développant un effort maximal chaque fois et une technique correcte. Ciblez 8 à 12 exercices par séance. Passez rapidement d'un exercice à un autre, en ne vous autorisant comme repos que le temps nécessaire pour régler vos poids à la station d'après. Cela participera à l'intensité de la séance, en exigeant quelques adaptations cardiorespiratoires. Alternez travail du haut et du bas du corps, d'une séance à l'autre.
– www.sealswcc.com/navy-seals-strength-training.aspx#.UhuY-T-kbIU

Le credo de la musculation est qu'« une bonne technique de soulevé participe à prévenir les blessures ». Une technique correcte signifie que vous faites les mouvements de chaque exercice en amplitude complète, en sollicitant avant tout les muscles ciblés et en évitant tout mouvement irrégulier lors du soulevé du poids.

Anneaux de gymnastique

Parfaits pour un entraînement en résistance sans charge, les anneaux vous permettent aussi de travailler souplesse et amplitude de mouvement.

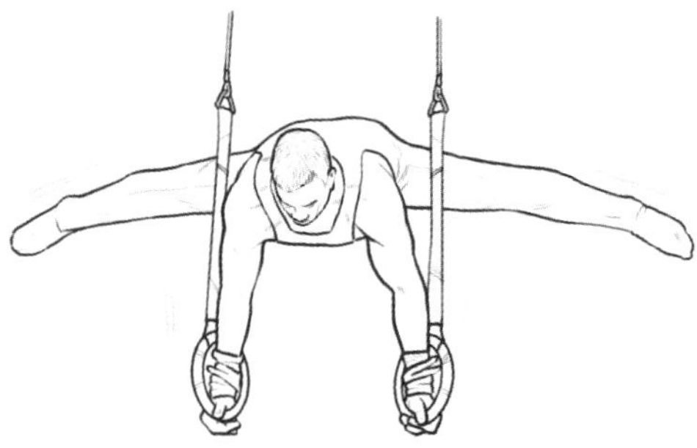

Tirage vertical à la poulie

Pour un travail des bras, des dorsaux et des épaules, à pratiquer avec le dos et le cou parfaitement alignés.

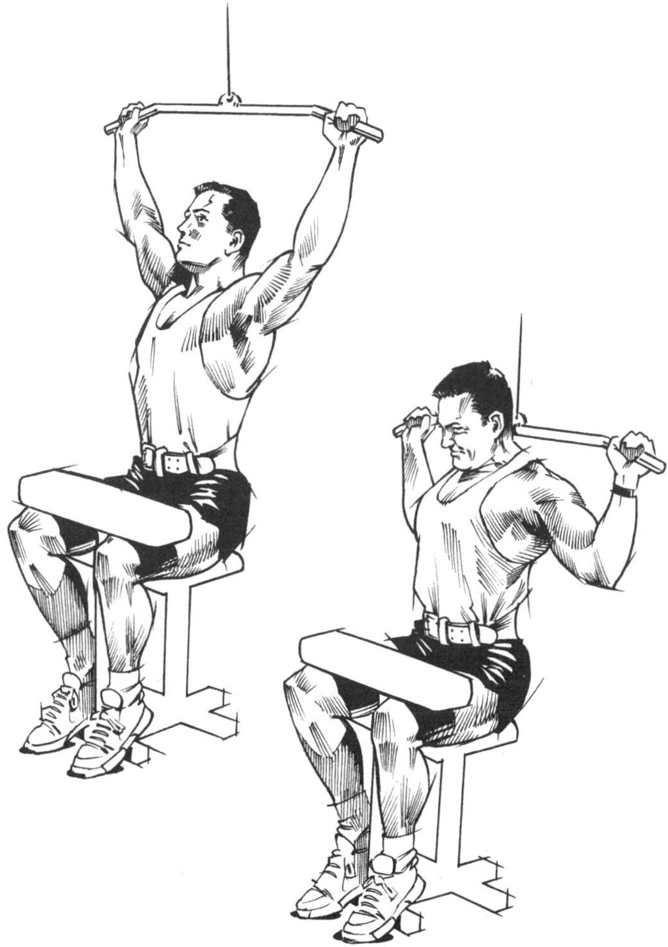

Musculation militaire

Les militaires intègrent la pratique régulière de la musculation dans leur entraînement, afin d'accroître leur capacité à transporter armes et paquetages.

Dans une séance adaptée, le nombre de répétitions exigera que vous puisiez dans vos ressources, sans pour autant vous épuiser. À la fin du dernier exercice, vous serez au bord de la défaillance musculaire. En termes de répétitions, les spécialistes conseillent en général 8 à 10 répétitions avec des poids très lourds, pour travailler la prise de masse musculaire, et 10 à 12 répétitions avec des poids légers (tout en poussant le travail aux limites de la défaillance musculaire) pour un renforcement plus général de la force et de l'endurance. Mais la séparation entre prise de masse musculaire et tonification n'est pas toujours tranchée. Le plus important

Développé couché

Les bras sont en extension complète et verrouillés, au moment du développé couché. Pratiquez toujours l'exercice sous la surveillance d'une tierce personne.

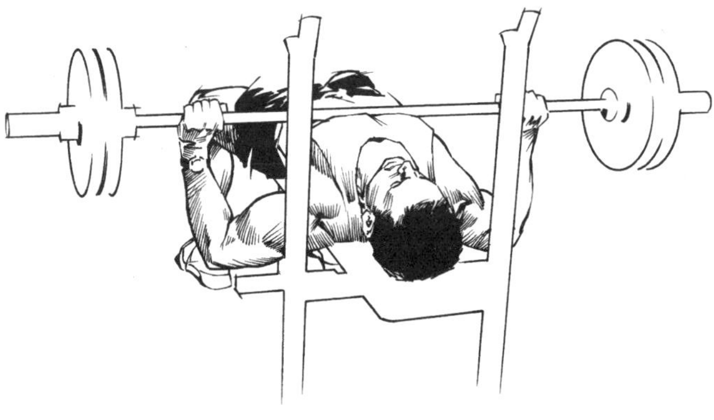

Forces navales américaines – nombre de répétitions maximal (RM)

Connaître votre nombre de répétitions maximal vous aidera à ajuster l'intensité de l'exercice. Par sécurité, commencez en fixant votre nombre de répétitions maximal à 5 RM. Pour réussir, veillez à ne pas avoir pratiqué une activité trop exténuante le jour de l'épreuve et à bénéficier d'un échauffement suffisant. Une tierce personne sera toujours à vos côtés pour superviser cette épreuve qui fera de préférence appel à de la musculation avec poids libres.

Sélectionnez un poids assez léger pour vous autoriser 10 répétitions. Pratiquez de 10 à 15 répétitions avec ce poids.

Repos de 2 minutes.
Augmentez la charge de 2 à 10 %, selon la difficulté de la série.
Pratiquez de 6 à 8 répétitions.

Repos de 2 minutes.
Augmentez la charge de 2 à 10 %, selon la difficulté de la série.

Repos de 3 minutes.
Pratiquez 5 répétitions, soit votre nombre de répétitions maximal de 5 RM.

US N

est de procéder en puissance et avec contrôle.

Pour mettre au point la routine, une fois encore les possibilités sont infinies. Dans l'encadré ci-dessus, les Navy Seals suggèrent une série de répétitions par exercice, avec un enchaînement rapide. Une façon de créer une sorte d'entraînement en circuit et d'obtenir des résultats en termes de force et de santé cardiovasculaire.

Exemple d'entraînement en circuit ciblant un travail de tout le corps (8 à 12 répétitions à chaque fois) :

Station 1 – presse à cuisses
Station 2 – relevés de jambes
Station 3 – extension de genoux (machine)
Station 4 – ischio-jambiers (machine)
Station 5 – relevé de talons
Station 6 – développé couché
Station 7 – tirage vertical à la poulie assis

Tirage menton à la barre

Montez la barre sous le menton et maintenez la position brièvement, pour un travail efficace des bras, des épaules et des muscles de la sangle abdominale.

Station 8 – développé militaire
Station 9 – tirage poitrine à la poulie haute
Station 10 – haussements d'épaules
Station 11 – répulsion triceps
Station 12 – flexion des avant-bras

Pour beaucoup, l'entraînement dans une salle de musculation est plus une question de renforcement que de développement de l'endurance. Dans ce cas, deux ou trois séries par exercice, avec une minute de repos entre chaque série, sont un programme

Pectoraux	Épaules	Dos	Quadriceps	Ischio-jambiers	Biceps	Triceps
Écarté couché avec haltères	Développé Arnold	Rowing avec barre ou haltères au banc incliné	Presse à cuisses	Soulevé de terre roumain avec barre ou haltères	Flexion des avant-bras à la poulie	Extension couché avec barre derrière la tête
Développé incliné avec barre ou développé couché avec haltères	Rowing debout avec barre, haltères ou machine	Rowing incliné à la machine	Hack squat à la machine	Soulevé de terre jambes tendues avec barre ou haltères	Flexion des avant-bras à la machine	Extension avec barre ou haltères
Développé couché avec haltères ou développé décliné avec barre	Élévation latérale avec haltères, poulie ou machine	Rowing inversé	Extension de genoux	Soulevé de terre sumo avec barre ou haltères	Flexions des avant-bras avec barre prise marteau	Développé couché à prise rapprochée
Ecarté assis à la machine	Développé militaire assis avec barre ou haltères	Haussement d'épaules avec barre, haltères ou machine	Squat avec barre ou haltères	Tirage à la poulie basse	Flexion des avant-bras concentrée	Développé décliné à prise rapprochée

Liste non exhaustive d'exercices de musculation pour cibler les principaux groupes musculaires.

Pectoraux	Épaules	Dos	Quadriceps	Ischio-jambiers	Biceps	Triceps
Développé incliné à la machine	Développé épaules avec barre ou haltères	Rowing à la barre en T	Squat avec barre devant ou haltères	Good Morning	Flexion des avant-bras debout avec barre ou haltères	Pompes mains rapprochées
Développé décliné à la machine	Développé épaules à la machine	Rowing assis à la poulie	Squat avec barre ou haltères	Flexion de jambes	Flexion des avant-bras à genoux avec barre ou haltères	Extension couché avec barre ou haltères
Développé couché avec barre ou haltères	Élévation frontale avec haltères ou poulie	Tirage poitrine à la poulie haute	Fentes avec barre ou haltères	Tirage à la poulie basse	Flexion des avant-bras assis avec haltères	Extension à la poulie haute
Écarté incliné avec haltères	Rowing, élévation, écarté avec barre, haltères ou pec-deck inversé	Élévation avec barre ou haltères buste penché		Good Morning	Flexion des avant-bras incliné avec haltères	Répulsion entre deux bancs
Écarté décliné haltères						

Fentes

L'étirement des muscles utilisés lors d'un entraînement en résistance est important pour éviter douleur et blessure. Les fentes renforcent les muscles de la jambe en appui, tout en étirant ceux de la jambe en extension.

raisonnable. En procédant ainsi, vous constaterez que l'effort devient vite plus difficile à soutenir au fil des séries. Vous ferez sans mal les 12 répétitions de la première série, mais vous forcerez dès la cinquième répétition à la troisième série. Si nécessaire, réduisez la charge pour terminer votre série.

Si vous fréquentez une salle de musculation deux à trois fois par semaine, faites en sorte de cibler un groupe de muscles différent à chaque séance, poitrine, dos et bras lors d'une séance, jambes et muscles de la sangle abdominale lors de la suivante. En travaillant ainsi, le groupe musculaire sollicité aura le temps de se reposer, cicatriser et se renforcer, avant d'être à nouveau largement sollicité.

Demandez à votre entraîneur de vous enseigner les techniques de base. Intégrer un programme de musculation à la pratique d'un sport d'endurance, c'est s'offrir de meilleures chances d'atteindre une condition physique optimale. La musculation permet de sculpter un corps tout en puissance et en force, mais elle apporte aussi des bienfaits en termes de santé, comme des articulations et des os plus solides, un brûlage des graisses plus efficace et une résistance accrue aux lésions.

Forces armées britanniques – muscles de la sangle abdominale

Relevé de buste en appui ventral

- Allongez-vous sur le ventre, mains sur les tempes.
- Utilisez les muscles de la région lombaire pour décoller les épaules et la poitrine du sol.
- Redressez-vous lentement, sans à-coups.

Redressement assis

- Allongez-vous sur le dos, genoux fléchis et pieds bien à plat au sol.
- Croisez les bras sur la poitrine.
- Gardez les épaules plaquées au sol et la nuque droite.
- Contractez vos abdominaux, soulevez le buste et redressez-vous en position assise.
- Abaissez-vous lentement en contrôlant le mouvement.
- Ne laissez pas vos épaules toucher le sol.

2XU
GIRO
433
2XU
433

Varier l'effort

Pour un athlète aguerri, l'entraînement croisé représente l'ultime stratégie de développement. En variant sa pratique, le sportif de l'endurance se hissera vers de nouveaux sommets.

L'entraînement croisé est impératif pour les forces spéciales. Lors des opérations militaires spécialisées, les soldats doivent être d'une grande polyvalence, leur permettant par exemple de conduire une embarcation gonflable à la rame, puis d'enchaîner avec une longue marche, le tout avec une lourde charge de matériel, armes et équipement. La polyvalence exigée va bien au-delà des aptitudes requises pour pratiquer une seule discipline, ce qui explique la variété des méthodes sollicitées par les entraîneurs. Ce type d'entraînement polyvalent est qualifié de « croisé ».

Toutes les disciplines tirent parti de l'entraînement croisé, mais certaines en dépendent, à commencer par le triathlon, une discipline sans égal pour mettre à l'épreuve résistance et endurance. Le triathlon est constitué de trois épreuves enchaînées : natation, course à pied et cyclisme. Dans le domaine de l'extrême, le format de triathlon le plus réputé dans le monde est l'Ironman, qui associe une épreuve de natation de 3,8 km, une course cycliste de 180,2 km et un marathon de 42,2 km. Inutile de préciser que seuls quelques rares athlètes sont capables de relever de tels défis. Les stratégies et les méthodes d'entraînement propres au triathlon sont détaillées un peu plus loin.

Page ci-contre : l'entraînement croisé est une bonne méthode pour tromper l'ennui et rester motivé.

Surf dans les airs

Testez une discipline de l’extrême comme le surf dans les airs pour varier les défis et vous offrir une bouffée d’adrénaline.

Intéressons-nous d’abord aux grandes disciplines de l’entraînement croisé et à la façon de les intégrer à votre activité sportive.

Choix d’une activité

L’entraînement croisé exige maîtrise et discipline. Ceux qui intègrent trop de disciplines à leur programme finissent souvent épuisés ou perdent en concentration dans leur activité principale. En général, nos agendas surchargés ne nous permettent pas de pratiquer plus de deux à trois disciplines. L’entraînement croisé est aussi une question d’équilibre, d’où l’intérêt de sélectionner des activités différentes, mais complémentaires.

Escalade

L'escalade développe la souplesse et la puissance des membres, et met à l'épreuve l'intelligence et le mental.

Par exemple, un programme incluant course à pied, musculation et badminton alterne de façon appropriée activités aérobie, anaérobie et développement de la force. Mais un programme réunissant course à pied, badminton et tennis compte deux activités trop similaires. Si le choix n'est pas mauvais en soi, ces activités ne sont pas très indiquées pour améliorer ses performances physiques.

Certains sports individuels présentent en eux-mêmes des aspects qui évoquent l'entraînement croisé. Dans le monde militaire, l'exemple type de l'épreuve physique s'en rapprochant le plus est le parcours d'obstacles, ou parcours du combattant.

Test des capacités motrices

Le parcours d'obstacles est une épreuve exigeante, même pour les meilleurs athlètes. Les raisons qui justifient le recours à cette forme d'entraînement physique sont énoncées par l'armée américaine dans le *Physical Fitness Training Guide*: « La performance physique et le succès au combat dépendent de la capacité du soldat à montrer des aptitudes comparables à celles requises dans le parcours d'obstacles. Ainsi, et parce qu'il participe à tester et à développer des capacités motrices basiques, le parcours d'obstacles est privilégié dans l'entraînement physique. » (US Army, *FM 21-20, 8-1*).
Le parcours d'obstacles offre un conditionnement physique complet, qui trouve des applications aussi bien dans le cadre sportif que dans un quotidien physiquement éprouvant. Un parcours bien conçu peut être bouclé en quelques minutes à plus d'une heure, mais quelle que soit sa durée il teste la résistance, la force du haut et du bas du corps, la souplesse, la coordination du corps et de l'esprit, la résilience et la volonté.

Le manuel des forces armées américaines cité plus haut classe les parcours en deux catégories:

> *Il existe deux grands types de parcours d'obstacles, l'un cible le conditionnement physique et l'autre la confiance en soi. Le premier présente des obstacles de faible hauteur, à négocier rapidement. Il met à l'épreuve les capacités motrices basiques et la condition physique. Après leur instruction et leur entraînement, les recrues font une course chronométrée sur ce type de parcours. L'autre catégorie de parcours présente des obstacles plus hauts et plus difficiles à négocier. Le but est de développer la confiance du soldat dans ses capacités mentale et physique, et d'encourager l'audace. On invite les soldats à s'essayer à ce type d'épreuve, qui n'est pas chronométrée.*
> – US Army, *FM 21-20*, 8-1

Pour ramper efficacement, il faut maintenir un rythme soutenu avec les épaules et les genoux, sans cesser de regarder droit devant.

Les athlètes d'endurance trouvent rapidement leurs marques sur un parcours de conditionnement physique où la nature des obstacles est très variable. Un bon parcours peut compter 20 à 25 obstacles différents, chacun séparé d'environ 20 m, à franchir au pas de course. Les obstacles sont conçus pour mettre à l'épreuve l'ensemble des muscles. Un parcours d'obstacles standard de type militaire inclut :

Obstacles à sauter

- Fossé/tranchée
- Haies
- Plateforme

Obstacles d'évitement/coordination

- Couloirs en diagonale
- Labyrinthe
- Espaliers
- Chemin de pneus

Obstacles verticaux à franchir en grimpant et obstacles à gravir

- Corde
- Filet de corde
- Mur d'escalade
- Poteau d'escalade

Obstacles horizontaux à traverser

- Monkey bars
- Canalisation ou poutre
- Corde

Saut d'obstacles

Lors du franchissement des obstacles en sautant, effectuez une réception en douceur en fléchissant légèrement les genoux avant l'impact, puis en accentuant ce fléchissement pour amortir le choc.

Fossé

Tranchée

Plateforme

Haies

Transport de tronc d'arbre

L'exercice consistant à transporter un tronc d'arbre développe la cohésion du groupe et la camaraderie. Changez souvent d'épaule, de façon coordonnée et à intervalles réguliers.

Obstacles à franchir en rampant

- Barbelés
- Tunnel
- Rampe basse

Obstacles à enjamber

- Poutre
- Clôture
- Petit mur
- Corde pour se balancer

Obstacles d'équilibre

- Tronc
- Poutre

Cette liste n'est pas exhaustive. Les parcours d'obstacles incluent d'autres défis inhabituels, comme le transport de troncs, le saut de plots (saut entre de petites plateformes circulaires isolées) ou les descentes de corde tête la première, mais aussi la pratique d'exercices de calisthenics entre différents obstacles. La seule limite est celle de l'imagination.

Abordez le parcours d'obstacles en douceur. Du fait même de leur conception, les obstacles peuvent être dangereux et présentent des risques d'entorses, chocs et chutes. Habituez-vous à la nature des obstacles avant de chercher à établir un bon chrono. Soignez la réception après chaque saut, en touchant le sol les genoux bien fléchis, de façon à amortir le choc. Si la fatigue vous gagne, arrêtez-vous brièvement avant de franchir un obstacle qui met l'équilibre à l'épreuve, de façon

Armée américaine – descente de corde tête la première

Les soldats grimpent au sommet d'une tour, agrippent la corde fermement et passent leurs jambes par-dessus. Ils se suspendent à la corde à l'aide des jambes et des bras, de façon à répartir équitablement le poids de leur corps. Ils freinent leur descente à l'aide des jambes et des pieds. Les soldats connaissent les risques de brûlures des mains. L'obstacle est dangereux lorsque la corde est glissante. Les soldats lâchent la corde à un point précis, clairement signalé. Ils s'engagent sur la corde l'un après l'autre. Il n'est pas permis de secouer ou de faire rebondir la corde. L'obstacle exige la présence de deux instructeurs, un sur la plateforme de départ, l'autre à l'arrivée.

Page ci-contre : sur une corde, servez-vous de votre jambe libre comme d'un balancier. Le regard est toujours dirigé vers l'avant.

à contrôler votre respiration et à vous concentrer sur la transition entre mouvement rapide et franchissement lent en équilibre.

Les militaires américains donnent d'excellents conseils sur l'attitude à adopter pour s'engager sur un parcours en toute sécurité :

Les unités prépareront leurs soldats au parcours d'obstacles en les soumettant à des exercices de conditionnement physique. Le soldat doit avoir un niveau suffisant pour aborder un parcours mettant à l'épreuve la confiance en soi. Il ne doit pas s'y engager s'il n'a pas été entraîné sur un parcours ciblant les capacités motrices basiques ou s'il ne satisfait pas aux exigences d'un parcours de conditionnement

Assurage

Pour plus de sécurité lors de l'escalade de parois rocheuses, l'assurage permet de limiter les conséquences d'une chute au moyen de points d'ancrage appliquant une friction contre la corde.

Descente en rappel

La descente en rappel fait référence à la descente rapide d'une paroi rocheuse. La technique est aussi utilisée lors du déploiement d'une troupe à partir d'un hélicoptère, en l'absence de zones d'atterrissage sûres.

physique. Les instructeurs montreront au préalable les façons de franchir les obstacles. Ils superviseront le passage des obstacles les plus hauts et les plus dangereux. Le but premier est d'éviter les blessures. Les soldats s'entraîneront au passage des obstacles, jusqu'à ce qu'ils puissent les franchir. Avant d'être chronométrés, ils feront plusieurs passages à vitesse modérée pour être observés par les instructeurs, qui indiqueront d'éventuelles corrections. Un soldat ne sera jamais autorisé à prendre le départ d'un parcours chronométré sans s'être entraîné sur chaque obstacle.
– US Army, *FM 21-20*, 8-1

Une fois en confiance, vous pouvez vous engager en tentant des franchissements sûrs et en rythme, tout en essayant de gagner en vitesse sur les sections libres d'obstacles.

Les parcours à obstacles mettant à l'épreuve la confiance en soi, comme le vertigineux Trainasium du Régiment d'infanterie parachutiste britannique qui exige un entraînement plus mental que physique. Ils auront leur utilité pour l'entraînement à des épreuves en altitude, où l'athlète doit apprendre à maîtriser le vertige. Sur ce type de parcours, les risques de blessures sérieuses sont bien réels, et il convient de s'assurer auprès des organisateurs

Technique de cyclisme

Pour pédaler efficacement, veillez à ne pas tendre complètement la jambe lors de la poussée sur la pédale. Les orteils touchent à peine le sol lorsque le pied n'est plus sur la pédale.

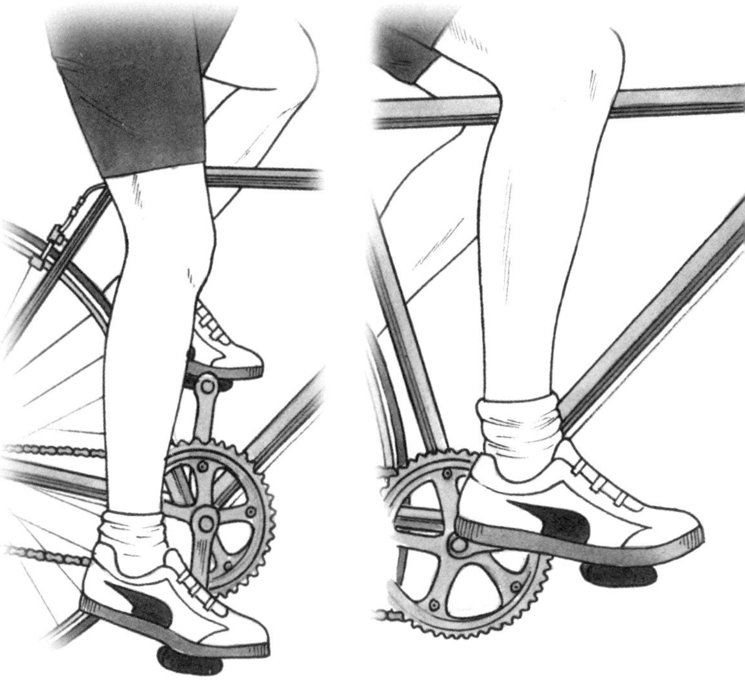

des mesures de sécurité mises en place pour limiter les risques d'accident.

Mais les militaires n'ont pas le monopole de ces défis de l'extrême. Si vous êtes prêt à voyager, vous découvrirez que différentes épreuves de ce type sont organisées dans le monde, certaines jouissant d'une redoutable réputation, à l'image des épreuves du Tough Mudder,

un parcours d'obstacles de 16 à 19 km, mêlant amusement et effort intense. S'engager dans de telles épreuves équivaut à courir un marathon en terme de dépassement de soi.

Cyclisme

On ne peut aborder le conditionnement physique extrême sans s'intéresser au cyclisme, une activité à ne pas négliger dans le cadre d'un entraînement croisé. Comme la natation, le cyclisme a pour avantage d'être plus doux pour les articulations grâce au mouvement de rotation des pédales. Mais l'aspect doux s'arrête là, car la discipline est un sport d'endurance éprouvant. Les athlètes qui s'engagent au départ du Tour de France parcourent près de 3200 km en 21 jours et franchissent des cols de montagnes représentant un défi pour un marcheur, et à plus forte raison pour un cycliste. Ces athlètes bénéficient d'une incroyable santé cardiovasculaire, mais aussi de jambes et de muscles d'acier.

Le cyclisme se décline en diverses disciplines, réunissant elles-mêmes différentes sous-catégories d'épreuves. On retrouve ainsi le vélo tout-terrain, le contre-la-montre, le cyclo-cross, le cyclisme sur piste, le BMX et la poursuite. Plutôt que de chercher à découvrir les secrets de chacune de ces disciplines, nous nous intéresserons à ces principes généraux permettant d'améliorer sa vitesse de fond, sur terrain difficile ou sur route.

Le cyclisme débute bien sûr par l'achat d'un vélo. N'hésitez pas à investir dans une machine de qualité si vous avez l'intention d'avaler des kilomètres. Optez pour un vélo léger et résistant, facile à configurer, pour une parfaite adaptation à votre

Course sur route

La course cycliste sur route met à l'épreuve l'endurance, les aptitudes motrices et la capacité à diriger son vélo en toute sécurité au sein d'un peloton évoluant à grande vitesse. Le tracé emprunte souvent des terrains difficiles, en incluant ascension et descentes rapides. Les cyclistes expérimentés roulent souvent dans le sillage d'hommes de tête, pour économiser leur énergie pour la fin de course.

morphologie. La précision des ajustements est cruciale, sous peine de transformer l'épreuve en une expérience inconfortable, de ralentir votre course en augmentant la résistance du vent et de minimiser le rendement du pédalage. Pour ce qui est de la hauteur de la selle, lorsque la pédale se trouve en position basse, la jambe doit être très légèrement fléchie, d'environ 25° au niveau du genou.

Un fléchissement différent de cette valeur rendra le pédalage moins efficace (notamment lors de l'extension maximale de la jambe) et vous vaudra plus tard dans votre vie des problèmes au niveau des genoux. Lorsque les pédales sont en position horizontale, le genou doit être positionné directement au-dessus ou légèrement à l'avant de la manivelle du pédalier.

Quant au guidon, lorsque les mains en agrippent le sommet (comme ci-contre, le guidon d'un vélo de course), les épaules doivent former un angle de 45° par rapport au sol. Pour la course sur route, le dos doit être légèrement courbé pour permettre à la colonne vertébrale d'absorber les chocs inévitables liés aux imperfections du revêtement routier. (Ne laissez pas votre dos se bomber exagérément.) Maintenez la nuque en position neutre, et regardez droit devant, plutôt que de fixer la route.

Réduire la douleur musculaire
La pratique d'une discipline cycliste d'endurance exige de maintenir autant que possible un relâchement du corps, sous peine de voir les tensions se transformer en douleurs musculaires au fil des kilomètres. Ne serrez pas le guidon trop fort, gardez une prise légère et contrôlée. Pour adopter une position plus détendue, placez vos mains au sommet du guidon ou au niveau des poignées de frein. La position classique du coureur cycliste implique d'agripper le guidon assez bas, ce qui conduit le dos à s'abaisser davantage pour offrir un profil plus aérodynamique. Les coudes doivent être légèrement fléchis, de façon à absorber les chocs au niveau du haut du corps, tout en offrant un meilleur contrôle en virage. Les épaules sont relâchées, jamais rentrées.

Quelle que soit la discipline cycliste, la position du corps évolue en fonction du terrain. Pour l'ascension de pentes raides, les fesses sont plus en arrière de la selle et les mains sont placées au sommet du guidon. Cette position ouvre la poitrine et facilite une respiration profonde, indispensable pour gravir une pente raide.

En descente, les fesses sont plus vers le milieu de la selle, avec les mains placées à l'avant du guidon, afin d'optimiser la vitesse. Cela facilite le passage de virages rapides, car cette position abaisse le centre de gravité et, combiné au décalage du poids

Le cyclisme est un exercice à faible impact, idéal pour récupérer après un entraînement en résistance à impact élevé. On note la position détendue des coudes et la prise souple, mais ferme, du guidon.

du cycliste dans le virage, permet une meilleure adhérence sur la route.

Si votre discipline cycliste implique le maintien d'une vitesse élevée sur de longues distances, vous devez concentrer votre entraînement sur l'acquisition d'une cadence (nombre de tours de pédales par minute) rapide et régulière. Les professionnels visent une cadence de 90 tr/min sur les longues sections de plat et de 70 tr/min en montée. Ne sélectionnez pas une vitesse trop élevée pour adopter une bonne cadence, mais optez plutôt pour un rapport qui vous aidera à garder un rythme rapide, régulier et constant. Exercez une force durant tout le cycle de pédalage, pas seulement lors de la poussée vers le bas.

Pour améliorer votre cadence, pratiquez différents exercices de vitesse. Par exemple, enclenchez un petit braquet et pédalez à une cadence rapide, entre 90 et 100 tr/min, durant 5 minutes, puis basculez sur un braquet de base et reprenez une allure normale durant 10 minutes. Répétez l'exercice tout au long de la sortie. Un entraînement en fractionné comme celui-ci permet aux jambes de s'habituer à des braquets plus grands et à des cadences plus rapides. Sur les tronçons de vitesse, pédalez aussi vite que possible en veillant à ne pas rebondir sur la selle. Arrêtez-vous sans attendre dès que vous ressentez la moindre douleur au genou.

Cyclisme hors route

Le cyclisme en zone montagneuse soulève des problèmes différents que la course sur route et sur piste, notamment sur le plan de la sécurité des manœuvres. Par exemple, en descente, vous devez suffisamment contrôler votre vitesse pour négocier les virages. Utilisez simultanément les freins avant et arrière pour maîtriser

Forces armées américaines – progression et récupération

La progression et la récupération aident à éviter les blessures. Vouloir faire trop et trop vite est source de problèmes. Le lendemain d'un entraînement intensif, si les soldats font travailler les mêmes groupes musculaires et/ou composants de la condition physique, ils devront réduire l'intensité pour minimiser le stress et permettre une récupération. La meilleure technique est d'alterner sur plusieurs jours. Par exemple, si l'entraînement cible la santé cardiorespiratoire le lundi, le mercredi et le vendredi, les soldats pourront pratiquer la course en groupes de même niveau et à un rythme soutenu, avec des exercices légers de calisthenics et d'étirement. Si le mardi et le jeudi l'entraînement cible l'endurance musculaire et la force, les soldats pourront pratiquer des exercices de travail en résistance, suivis d'une course à allure modérée. Pour veiller à l'équilibre et à la régularité du programme, l'idéal est d'inverser les jours la semaine suivante. Un tel programme présente de la variété, développe tous les composants de la condition physique et suit les sept principes de la pratique de l'exercice physique, tout en minimisant les risques de blessure liés à un surentraînement.

VTT

La pratique du VTT développe non seulement la force des jambes, mais aussi les muscles profonds, à travers un constant ajustement pour garder l'équilibre.

votre élan. Pour attaquer une montée, ne vous contentez pas de passer à un plus petit braquet. Transférez votre poids vers l'avant et optez pour un braquet qui vous permettra de ne pas avoir à vous dresser sur les pédales. Regardez droit devant et choisissez une trajectoire idéale pour négocier virages et obstacles. Dans les lacets en montée à flanc de montagne, placez-vous à l'extérieur du virage, puis coupez en ligne droite dans le dernier quart du virage, en choisissant un braquet plus petit pour garder une cadence élevée. Dans les lacets en descente, réduisez votre vitesse en freinant avant d'entrer dans le virage. Adoptez la même trajectoire que celle recommandée pour le passage des lacets en montée, mais

Reprendre l'avantage

Lors d'une prise au sol, fléchissez dès que possible les bras et les jambes, en position défensive. Non seulement cette posture vous protégera d'autres attaques, mais elle peut être votre seule chance de retourner la situation et de reprendre l'avantage.

gardez le poids du corps à l'arrière de la selle pour éviter les dérapages. Inclinez le corps vers l'intérieur du virage en poussant votre poids inférieur vers l'extérieur. Cette posture vous aidera à maintenir la roue avant au contact du sol et à contrôler votre trajectoire en virage.

L'entraînement croisé vous aidera à entretenir votre condition physique en tant que cycliste. Circuit training, natation et musculation sont de bonnes options pour développer votre résistance sur un plan général.

Les arts martiaux

Les arts martiaux, dans lesquels nous incluons la boxe, sont des disciplines idéales dans le cadre d'un programme d'entraînement croisé. Quiconque s'est essayé à frapper sur un sac à pleine puissance durant une minute

Coup de pied circulaire

Sur cette illustration, le coup de pied atteint la tête de l'adversaire. Lors de toute attaque du pied, restez dans la limite de ce que vous permet votre souplesse afin d'éviter blessures à l'aine et aux ischio-jambiers.

a vite réalisé à quel point la condition physique d'un boxeur a quelque chose de surhumain, notamment lorsque l'on sait que ce dernier doit aussi faire face à l'épuisement généré par les coups qu'il encaisse. Des arts martiaux comme le karaté, le taekwondo, le judo et le jujitsu sont exceptionnels pour développer souplesse, capacité anaérobie et force explosive. Beaucoup de classes d'arts martiaux parmi les plus sérieuses intègrent également un entraînement à l'endurance aérobie. De plus, les arts martiaux constituent

Entraînement

Un combat d'entraînement militaire ne cible pas le KO ou la victoire, mais vise à améliorer la résistance et l'agilité en défense comme en attaque.

aussi un entraînement individuel à l'autodéfense.

Le combat à mains nues occupe naturellement une place centrale dans l'entraînement militaire. Si certaines unités de forces spéciales pratiquent leurs propres arts martiaux, comme le krav maga pour les Israéliens, la plupart opte pour un entraînement à une forme de combat associant techniques de coups de pied, clés, étranglements et projections, un peu comme le jujitsu. La boxe vient en complément pour ajouter un peu d'agressivité. Dans le Régiment d'infanterie parachutiste britannique, les recrues sont soumises à la célèbre « épreuve de la moulinette », un passage à tabac en règle, où les coups pleuvent durant une minute, sous l'œil d'instructeurs assistant à cette démonstration de force barbare.

Combat libre

Le combat libre constitue un excellent entraînement aux techniques et aux mesures de mise à terre, de projection ou d'immobilisation de l'adversaire, en vue de sa soumission.

Pads d'entraînement

Attaquez en frappant au centre du pad, de la main, du pied, du coude ou du genou. En modifiant après chaque frappe la position des pads, votre entraîneur vous oblige à adapter sans cesse vos techniques.

Les arts martiaux traditionnels se concentrent souvent sur un ou deux aspects. Ainsi, le taekwondo et le karaté privilégient les techniques de frappes du pied et des mains, alors que le judo met l'accent sur les prises et les clés. Toutes ces disciplines d'arts martiaux offrent un bon entraînement de la condition physique. Certaines sont très utiles en soutien d'un sport d'endurance, en entraînement croisé.

Développer l'endurance

Cibler un sac de frappe ou des mitaines d'entraînement permet de développer la résistance aérobie et anaérobie. Des impacts réguliers et rapides mettent la force à l'épreuve, repoussent les limites du système cardiovasculaire et renforcent les muscles profonds du dos, des épaules et des bras. Avant de frapper fort, suivez un minimum d'entraînement aux techniques de frappes des poings. Exécutez jabs et coups droits dans l'axe, avec l'épaule dans l'alignement du poing, en évitant les moulinets du bras. (Les soldats apprennent aussi que toute rotation de l'épaule permet à l'adversaire d'anticiper le coup et donc de l'esquiver.) Si vous ne portez pas de gants de boxe ou de protections des mains (ces protections sont recommandées si vous n'êtes pas bien entraîné), faites en sorte de maintenir le dos

Pads d'entraînement en mousse

L'usage de pads en mousse ajoute à l'efficacité de l'entraînement. Ils autorisent des frappes en force et protègent les partenaires. Ils permettent aussi de juger de l'efficacité des techniques de frappes, tout en développant leur puissance de frappe. Les instructeurs encouragent une franche agressivité. Les pads peuvent avoir la forme de mannequins ou de pads de frappe d'arts martiaux. Le recours aux pads est particulièrement recommandé lors de la pratique d'exercices de frappes du genou, de frappes des pieds et de frappes au bâton de 90 cm de long. Le pad est idéalement placé à l'extérieur de la cuisse du partenaire d'entraînement, de façon à protéger le nerf sciatique poplité externe. Les pads peuvent être plaqués aux avant-bras et positionnés à hauteur de la tête, face au visage, pour travailler les frappes genou/coude ciblant cette zone.

Coups de pied dans les pads

Pour frapper un pad, fixez du regard le point ciblé. Veillez à garder l'équilibre tout au long de l'exécution de la frappe, puis revenez rapidement en posture de garde, dans un enchaînement fluide.

Utiliser un sac de frappe

Les sacs de frappe permettent de jauger de façon réaliste votre puissance de frappe du pied. Inclinez-vous pour un transfert du poids du corps lors de la frappe, afin d'optimiser ses effets.

de la main dans l'axe du dos de l'avant-bras, et que la surface de frappe se limite aux deux jointures les plus proéminentes au sommet du poing. Serrez le poing, avec les doigts fermement repliés à l'intérieur de la paume de la main, le pouce rabattu en sécurité, mais jamais prisonnier des doigts.

Pratiquez en délivrant des combinaisons de frappes puissantes et rapides dans le sac de frappe, en gardant une certaine légèreté dans les jambes, avec le pied gauche en avant (si vous êtes droitier), le corps en constant mouvement. Lors de l'exécution de la frappe, gardez les bras aussi relâchés que possible, sachant qu'un muscle décontracté réagit plus rapidement. À l'impact, contractez les muscles, des orteils aux épaules, pour avoir un solide appui et éviter que le poids du sac vous force à reculer. Cette séquence de relâchement/tension est un exercice de conditionnement physique idéal pour les muscles profonds qui explique le développement des muscles de la sangle abdominale chez les boxeurs.

Pour les techniques de frappes des pieds, pratiquez dans la limite de votre souplesse pour éviter les claquages. Des techniques comme le coup de pied circulaire ou le coup de pied tournoyant exigent de prêter attention à la méthode d'exécution. Ainsi, évitez de porter un coup de pied circulaire avec le pied d'appui

Étirement de l'aine (étirement papillon) avec un partenaire

a. Position : assis par terre, pieds joints posés à plat, rapprochés du torse. Maintenez les chevilles avec les mains. Votre partenaire est agenouillé derrière vous, avec ses mains sur vos genoux.

b. Action : votre partenaire place les mains au sommet de vos cuisses, près des genoux. Son poids est supporté par vos épaules, en même temps qu'une légère pression s'exerce au niveau de vos cuisses. Puis votre partenaire accroît la pression exercée jusqu'à ce vous ressentiez un étirement. Tenez 20 secondes et changez de position.

pointant vers l'avant, sous peine de soumettre le bas du dos à une torsion trop importante, multipliant les risques de claquage. En fin d'exécution de la frappe du pied, effectuez une rotation du pied d'appui de façon à l'orienter à environ 7 heures par rapport au point d'impact, en alignant le côté du corps sur l'axe de la frappe. Les mêmes règles s'appliquent à toutes les frappes latérales du pied.

Les étirements sont partie intégrante des arts martiaux. Certaines classes d'arts martiaux font appel à des exercices d'étirement très agressifs, avec un partenaire d'entraînement exerçant une pression supplémentaire sur les membres. Il faut toutefois bien fixer les limites. À la manifestation de la moindre douleur durant un étirement, cessez l'exercice sans attendre.

Triathlon

Le triathlon est la discipline ultime de tout entraînement croisé. Plus que toute autre discipline sportive, il aide à entretenir la condition physique. Il ne cesse de gagner en popularité, avec un accroissement de plus de 30 % du nombre de pratiquants aux États-Unis entre 2003 et 2008.

Votre entraînement doit bien sûr intégrer les trois disciplines, ce qui est déjà en soi un défi, sachant qu'il faut trouver le temps de les pratiquer de façon équilibrée. Vous devrez en outre acquérir une technique irréprochable dans chaque discipline pour économiser au mieux votre énergie, capitale lors d'une épreuve. Votre semaine doit intégrer la pratique individuelle de chaque discipline, sans oublier de consacrer un jour à la pratique des trois associées.

Un mental de vainqueur

Multipliez les défis en augmentant la difficulté des courses ou en pratiquant le triathlon pour instiller de la motivation en cours d'entraînement.

Cette journée est importante, car elle vous permet de travailler la transition entre chaque discipline. Ainsi, vous ressentirez une faiblesse au niveau des muscles des jambes en passant de la natation au marathon et, si vous n'êtes pas habitué à cette sensation, vous courez le risque d'une baisse significative de régime vous obligeant à puiser dans vos ressources en énergie. Lors de l'entraînement dans les trois disciplines, variez l'intensité de l'effort et le rythme de vos routines, afin de vous habituer à forcer à la demande. Lors de la course, abordez la première moitié comme un marathon, en économisant vos ressources en énergie, de façon à pouvoir y puiser au moment opportun, dans les derniers kilomètres, notamment pour le sprint final.

Le triathlon peut être source d'un formidable sentiment d'achèvement. Le coureur inexpérimenté doit aborder la discipline progressivement et travailler en se fixant des objectifs.

Préparation mentale

La préparation mentale est omniprésente dans ce livre. Un haut niveau de condition physique permet de relever des défis extrêmes, mais concentration et préparation mentale aident à repousser les limites de l'engagement.

Dans les années 1980 et 1990, les psychologues s'intéressèrent à un domaine relativement nouveau. En réponse à une affirmation répandue chez les entraîneurs sportifs selon laquelle la réussite était plus une question de mental que de physique, ils firent appel à un arsenal de tests pour vérifier jusqu'à quel point c'était exact, et si une forme d'entraînement strictement mental suffisait à elle seule à améliorer la performance physique. Ils réalisèrent diverses expériences (et continuent à le faire), certaines s'intéressant à la relation entre entraînement mental et aptitudes motrices générales, d'autres à l'esprit et à ses liens avec la performance sportive. Ces études étaient largement centrées sur la visualisation, utilisée de façon contrôlée et systématique, dans l'exécution d'une action techniquement parfaite, et à ses rapports avec l'amélioration des aptitudes visualisées.

Les résultats qui émergèrent furent sans appel. La pratique physique d'un sport reste la clé de la réussite – on ne peut se contenter d'imaginer comment exceller sans en passer par des heures de pratique. Il est toutefois clair que les athlètes investissant dans la visualisation ou des formes similaires d'entraînement mental

Page ci-contre : la capacité à poursuivre quand tous abandonnent est un trait caractéristique des forces spéciales.

Fatigue et soutien

Sachez reconnaître vos limites. Accepter l'aide d'autrui n'est pas un signe de faiblesse lorsque cela permet de prévenir une blessure.

améliorent leurs performances. Le message est donc clair : pour exceller dans un sport, vous devez entraîner aussi bien le physique que le mental. Les militaires ont toujours exploité, consciemment ou non, et jusqu'à un certain point, l'entraînement mental. Un entraînement intensif, la discipline, les rituels, les uniformes, les décorations, les épreuves partagées, les jours du souvenir, la fierté des unités (souvent inculquée par l'histoire) et la camaraderie œuvrent à instiller de la motivation à titre individuel et une force de cohésion efficace. Comme les psychologues du sport, les militaires ont professionnalisé cette approche, avec le recours à l'entraînement mental et l'aide de psychologues qui occupent une place toujours plus déterminante dans les programmes d'entraînement et d'entretien de la condition physique. Ce chapitre aborde la psychologie du sport sur un plan civil et militaire, et la façon dont elle aide les athlètes à atteindre leur plus haut niveau de performance.

Modeler l'individu

Lors des phases de recrutement et de sélection de l'entraînement militaire, l'objectif premier des instructeurs est similaire à celui de tous les entraîneurs. L'entraînement est conçu pour prendre en charge les aptitudes brutes d'une personne, lui faire perdre les mauvais réflexes développés dans la vie civile, encourager les bonnes habitudes et la remodeler jusqu'à ce qu'elle corresponde à l'image militaire du puissant guerrier. Aujourd'hui, les recruteurs et instructeurs se plaignent souvent de notre société, qui engendre des individus trop habitués au confort et à l'indulgence. Il y a 50 ans, la plupart de ceux qui entraient dans l'armée étaient rompus jusqu'à un certain point aux épreuves physiques. Ceux qui avaient grandi dans un environnement dur devenaient des experts de ces habitudes mentales mêlant abnégation et résilience émotionnelle. Aujourd'hui, la télévision, le chauffage, l'air conditionné, l'importance des services sociaux, l'abondance de nourriture, le faible niveau d'activité physique (résultant en partie d'une surconsommation des jeux vidéo) et un environnement surprotégé participent à ce que les recrues des *boot camps* soient plus « tendres » qu'avant.

En 2010, la presse révéla que l'armée américaine avait modifié son programme d'entraînement en profondeur pour l'adapter à la nouvelle génération, en réduisant l'intensité de l'entraînement physique, avec une progression plus lente, mais aussi moins d'agressivité verbale et émotionnelle de la part des instructeurs. Le capitaine Scott Sewell, entraîneur militaire, confia à l'*Associated Press* : « La plupart de ces soldats n'a jamais assisté à une bagarre aux poings, ni à aucune sorte de confrontation physique.

Jeux paralympiques

Les techniques d'entraînement militaire peuvent s'appliquer à quiconque est déterminé à vaincre. Les Jeux paralympiques offrent à tous ceux souffrant de handicap, y compris aux amputés et aux personnes en fauteuil roulant, l'occasion de s'affronter au niveau international.

Ils sont étonnés lorsqu'ils se prennent une claque. Nous cherchons à les pousser à l'action, à penser comme des guerriers. »

« Penser comme un guerrier » est crucial dans les forces armées. Le militaire n'est pas intéressé par des gens qui se contentent de survoler les choses, par ceux qui en font juste assez pour rester dans la course. Il veut des gens qui soient des guerriers en leur for intérieur, des individus réellement motivés par leur propre professionnalisme et leur désir d'accomplir chaque mission. Mais comment instiller une telle attitude ? Les voies classiques empruntées sont les suivantes :

Camaraderie

Les armées de métier cultivent l'esprit de camaraderie, permettant aux soldats de se soutenir mutuellement. Un ami proche est en quelque sorte un « frère » sur lequel on peut compter lors d'un entraînement de conditionnement physique extrême.

- **Discipline** – le soldat est entraîné à obéir aux ordres et à accomplir de façon répétée des tâches pénibles répondant à un haut niveau d'exigence. La répétition transforme la simple pratique occasionnelle en habitude. (Selon de récentes recherches en psychologie, on sait qu'une habitude parvient à s'établir après 28 jours d'incessant renforcement du comportement ciblé.)
- **Culture de l'agressivité** – à travers le combat et l'entraînement (souvent brutal) au combat à mains nues, le soldat apprend à canaliser son agressivité, à dominer sa peur et à gérer

la montée d'adrénaline liée au danger et à la confrontation.

- **Accoutumance au feu** – cette expression désigne une tendance qu'a l'entraînement militaire moderne de plonger le soldat dans des conditions ultra-réalistes pour le familiariser avec les sensations mentales et physiques du combat. Le soldat sera ainsi moins paralysé par la panique en situations réelles de danger de mort.
- **Fierté** – instructeurs et officiers doivent imprégner les soldats d'un sentiment de fierté de l'unité, à travers la pratique de rituels, l'enseignement de l'histoire de l'unité, l'esprit de compétition, le respect de l'uniforme et de l'insigne, et par tout autre moyen source d'inspiration. Le soldat doit se sentir appartenir à quelque chose qui le dépasse.
- **Camaraderie** – dans leur unité, les soldats développent des liens d'une force émotionnelle qui dépasse celle de bien des liens familiaux. Les bons soldats s'emploient à faire de leur mieux par crainte de laisser tomber leurs camarades et leur unité.

L'armée américaine, en particulier, a massivement introduit de nouvelles méthodes d'entraînement mental. Depuis 2009, soucieuse de réduire le nombre de victimes de trouble de stress post-traumatique (TSPT), l'armée propose le Comprehensive Soldier and Family Fitness Program (CSFFP). Un programme lui-même élaboré à partir du Total Force Fitness (TFF), une initiative introduite deux ans auparavant et décrite comme « un cadre de développement et d'entretien de la santé, de la volonté et de la performance au sein du département de la Défense. Une prise en compte de la santé, du bien-être et de la résilience sous forme d'un concept holistique, où la performance optimale exige un lien entre esprit, corps, âme et relations familiales et sociales » (hprc-online.org/total-force-fitness). Le concept de résilience est la clé des programmes CSFFP et TFF, autrement dit un état d'esprit capable d'endurer les conditions les plus difficiles, sans faire l'expérience de traumatismes sur le plan mental.

Les premiers objectifs de l'entraînement dans le programme CSFFP sont les suivants :

- *Développement de la confiance – développer une pensée positive source d'enthousiasme et d'énergie, pouvant aider à gérer les obstacles internes qui nuisent à la quête de l'excellence.*
- *Contrôle de l'attention – faire appel à des méthodes permettant de contrôler son attention et d'améliorer sa capacité à être pleinement présent, sans se laisser distraire.*
- *Gestion de l'énergie – utiliser sa capacité d'autorégulation pour*

Agressivité contrôlée

Apprendre à canaliser son agressivité, de façon à ce qu'elle ne se retourne pas contre soi, est la clé du succès dans l'armée. Imaginez votre adrénaline comme un robinet que vous pourriez ouvrir ou fermer, sur commande.

moduler et restaurer son énergie, et progresser sous la pression.

• Poursuite d'objectif – développer un programme concret, étape par étape, pour atteindre un objectif personnel significatif et maintenir la motivation nécessaire au succès de son entreprise.

• Intégration d'images – répétition mentale de performances réussies pour programmer le corps et l'esprit à agir automatiquement et sans hésitation.

– csf2.army.mil

La maîtrise de ces différents points permet d'accéder à ce que l'on appelle la « force mentale de vie ». En étudiant cette liste, on se rend vite compte de l'intérêt de ces principes pour tous ceux qui participent à des activités de conditionnement physique extrême. Les composantes sont essentiellement basées sur la concentration et la confiance, en développant assurance et sens aigu de la poursuite d'objectifs. En nous basant sur ces principes, nous allons à présent explorer les techniques mentales utilisées pour améliorer la performance athlétique. Ce faisant, nous puiserons aussi dans l'expertise militaire, qui hisse chaque année au sommet des milliers de jeunes recrues sans expérience.

Préparation mentale

Pour être efficace, la préparation mentale exige un certain niveau d'organisation. Au stade le plus basique, cela signifie développer une attitude positive face aux problèmes et en faire une habitude ancrée en nous. L'attitude positive est centrale dans l'esprit militaire. Et lorsqu'elle est adoptée assez souvent, elle finit par former une base solide permettant d'affronter les défis les plus extrêmes.

Confronté aux frustrations du quotidien et à l'ennui, il est courant de céder à l'abattement, avec tous les effets qui s'ensuivent, à commencer par les absences et les échecs. D'où l'intérêt de se répéter souvent les principes de santé psychique exposés plus loin pour tirer parti de leurs bienfaits. Votre caractère et votre corps se comportent comme un muscle, qui se renforce à force de répétitions et s'affaiblit par manque de sollicitation. Cela s'applique aux bonnes et aux mauvaises habitudes, et explique bien des maux, comme les addictions sérieuses. Ainsi est-il profitable de passer en revue toutes vos habitudes quotidiennes et vos comportements récurrents. Faites preuve d'honnêteté et étudiez la façon dont ils peuvent servir vos objectifs sur le plan de la condition physique. Ainsi, vous avez peut-être pour mauvaise habitude de sauter des repas, puis de manger des sucreries

Page ci-contre : dans l'armée, le processus de sélection écarte ceux qui ne parviennent pas à faire preuve d'autodiscipline.

Souvenirs personnels

Pour un soldat, emporter des souvenirs de sa famille et de sa maison permet d'apaiser tout sentiment négatif, mais aussi de renforcer l'objectif de son engagement.

Saut à la perche

Le saut à la perche exige vitesse, force musculaire et souplesse, mais aussi une concentration mentale dirigée sur la barre à franchir. Toute hésitation ou distraction mentale peut être source de sérieux accident.

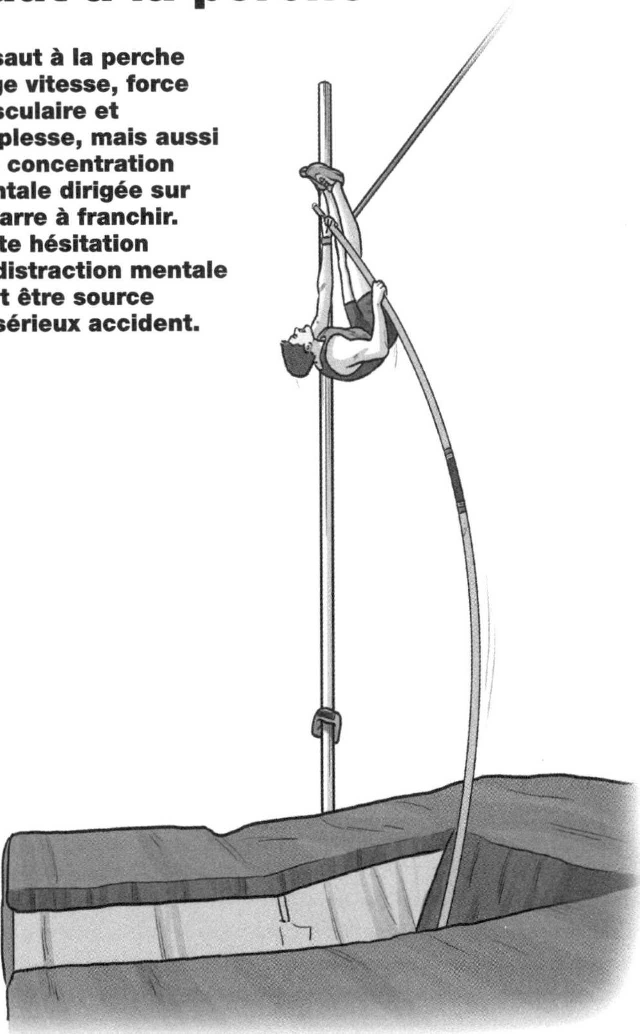

pour refaire le plein d'énergie. Ou encore, vous avez peut-être coutume de vous réprimander mentalement à chaque fois que vous courez sans grand résultat, puis de ne pas vous présenter aux séances d'entraînement suivantes sous le coup de la frustration (vous pourriez passer à côté d'une solution évidente, comme celle qui consiste à intégrer des jours de récupération à votre programme).

Les unités militaires ont développé une véritable culture de l'autocritique et décortiquent leurs performances avec une lucidité parfois brutale. Après avoir identifié le problème, elles s'emploient à y remédier avec des mesures concrètes. En tant qu'athlète de l'endurance, vous devez aborder vos problèmes avec une approche tout aussi inquisitoire. Le processus suivant vous aidera à associer développement mental et physique.

Définir vos objectifs

Souvent, les objectifs sont définis de façon trop vague pour générer assez de motivation. La clé de la réussite est de définir un objectif en termes concrets. Ainsi, au lieu de dire : « Mon objectif est de réussir dans une course d'endurance importante », dites-vous plutôt : « Mon objectif est de courir le marathon de <lieu de l'épreuve>, le <date> avec un temps de <chrono>. » Ainsi, tous vos efforts concentreront votre énergie dans une direction bien précise. En langage militaire, votre objectif devient une mission, un terme qui implique une notion d'obligation et de concentration. Dans son manuel *Warfighting*, la marine américaine définit ainsi les opérations militaires : « La première exigence est de définir ce que nous voulons accomplir, pourquoi et comment. Sans un concept et une intention bien identifiés, la nécessaire cohésion de l'effort est inconcevable » (USMC, *Warfighting*, p. 82). Par ailleurs, évitez d'inclure dans votre mission des objectifs négatifs, susceptibles de vous rappeler vos échecs et de laisser s'immiscer la démotivation. Ainsi, évitez de formuler : « Je veux arrêter de manger ces aliments malsains dont je n'arrive pas à me passer », mais dites : « Je mangerai des choses diététiques et nutritives, et contrôlerai mon alimentation. » Notez le côté impératif de la formulation qui peut vous aider à définir votre objectif en des termes impliquant la réussite, porteur d'espoir et d'énergie.

Procéder par étapes

Une fois votre objectif défini, ne vous laissez pas intimider par l'ampleur de la tâche. Dans la vie, la plupart des réussites se bâtissent par étapes progressives, et non par bonds rapides et spectaculaires. Fractionnez le parcours menant à votre objectif en étapes plus faciles à négocier et concentrez-vous sur la réalisation de ces « sous-objectifs », l'un après l'autre. Faites preuve d'adaptabilité, et si quelque chose semble ne pas

Passage à tabac

Le Régiment d'infanterie parachutiste britannique fait appel au « passage à tabac » pour canaliser l'agressivité et préparer ses soldats au combat. Dans ce type de confrontation, peu importe la technique utilisée, seuls comptent l'engagement total et la férocité.

fonctionner, changez de méthode jusqu'à ce que vous trouviez le parcours menant à l'objectif.

Le Corps des Marines américains travaille avec la « solution 70 % ». Pour eux, un plan présente au moins 70 % de chances de réussir en l'état. Un plan avec 100 % de chances de réussite n'est généralement pas le but recherché car, dans la vie, les choses se présentent rarement comme on les a imaginées, et une pensée trop rigide ne permet pas de s'adapter. Progressez plutôt par étapes, et sachez changer de tactique si c'est nécessaire. En d'autres termes, ne changez pas d'objectif, mais changez si nécessaire les moyens d'y parvenir.

Visualisation

L'entraînement militaire des forces spéciales a pris en compte l'intérêt de la visualisation. Des unités d'élite comme les Navy Seals et les Forces spéciales de l'armée ont investi dans la recherche et l'étude des bienfaits de l'entraînement à la visualisation, dans ce qu'ils appellent l'accoutumance au feu.

Les techniques de visualisation conditionnent l'individu pour qu'il parvienne à ses objectifs ou survive à l'adversité, en imaginant ses actions dans un cadre compétitif. Quand un scénario est mentalement répété, avec assez de clarté et de réalisme, l'image mentale intègre la bibliothèque mentale de l'individu. Lorsque ce dernier se retrouve confronté à une situation analogue dans le monde réel, il réagit en adoptant les attitudes positives développées dans des conditions contrôlées de visualisation.

Dans le cadre de l'entraînement au conditionnement physique extrême, on distingue deux types basiques de visualisation, selon que l'on se situe avant ou pendant l'épreuve. La visualisation de préparation implique de répéter mentalement ce à quoi vous souhaitez aboutir. Pour travailler efficacement, allongez-vous ou asseyez-vous dans une pièce calme, les yeux fermés, et concentrez-vous durant 5 minutes sur le mouvement de votre respiration, en vous relâchant profondément à chaque expiration. Laissez passer toutes les pensées perturbatrices qui se présentent, sans émotion ni réflexion, comme les images d'un film qui défileraient sans que vous y prêtiez réellement attention. Une fois parfaitement relâché, tant sur le plan mental que physique, visualisez l'épreuve à venir.

La clé de la réussite est de recréer la situation avec le plus de détails et d'authenticité que possible. Si vous visualisez une course en montagne, il faut que vous puissiez « voir » la couleur de l'herbe et des rochers, celle du ciel au-dessous de vous, « percevoir » le bruit de vos chaussures sur le sol, mais aussi celui de votre souffle, « ressentir » la douleur dans vos muscles ou la sueur. Contentez-vous d'intégrer le plus de détails possible, et projetez-vous dans ce cadre, au maximum de vos performances. Imaginez-vous progresser en confiance et avec puissance, résister et franchir les étapes les plus exigeantes de la course, et doubler vos adversaires au fil de l'épreuve. Imaginez-vous fort d'une énergie sans cesse renouvelée et d'un moral d'acier. Prolongez ce scénario autant que vous le sentirez nécessaire, puis sortez de cet état de relâchement en vous éveillant peu à peu, en comptant de 1 à 5.

Ce type de visualisation est une forme de programmation mentale, qui apporte au cerveau un schéma de performance destiné à se répéter de lui-même en conditions réelles. Vous pouvez aussi faire appel à des techniques de visualisation durant l'épreuve elle-même, afin de ne pas relâcher cette pression qui vous conduit à repousser vos limites.

Par exemple, alors que vous luttez pour gravir un flanc de montagne, imaginez que vous êtes doté d'un moteur de moto. Activez littéralement la poignée des gaz et imaginez que ce moteur vous fournit l'énergie indispensable pour gravir cette pente sans effort. Ma femme (qui pratique aussi la course) imagine une foule de spectateurs massée autour d'elle, la congratulant et célébrant sa victoire. Développez vos propres « béquilles » mentales, basées sur des choses qui vous inspirent directement, et utilisez-les lorsque le besoin s'en fait sentir.

Techniques de visualisation

Ses bienfaits peuvent sembler peu réalistes, mais la visualisation a démontré la puissance de ses effets positifs dans l'aide à l'accomplissement des objectifs.

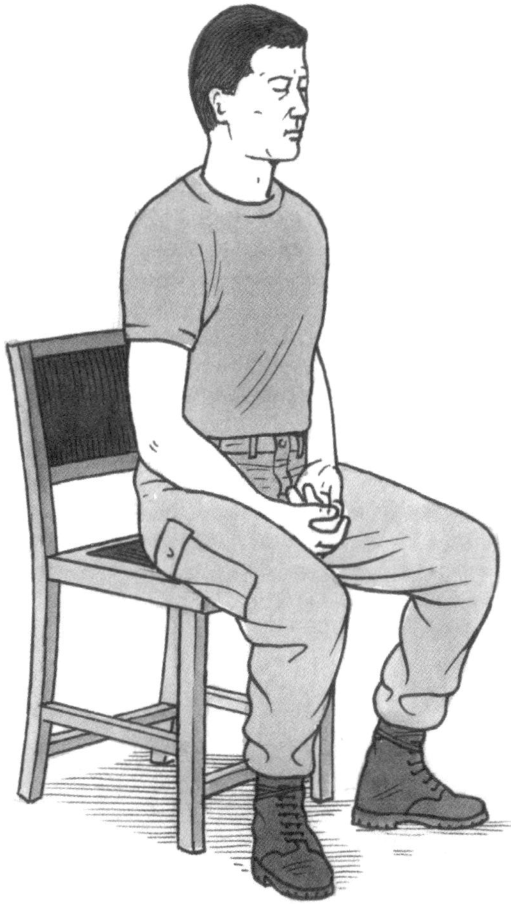

Anesthésie mentale

La visualisation a montré son efficacité dans le soulagement de la douleur, y compris lors de la pratique de sports d'endurance. Une technique particulière est connue sous le nom d'« anesthésie mentale ». Pour comprendre ce concept, imaginez que l'on injecte un antalgique là où vous avez mal. La douleur s'évanouit sous l'effet du produit. Vous pouvez accompagner cette pensée d'une image mentale, comme celle d'un liquide chaud absorbant la douleur. Une autre technique consiste à imaginer un robinet contrôlant le flot de sensations douloureuses à destination de votre cerveau. Lorsque la douleur devient insupportable, fermez le robinet, arrêtez la circulation de la douleur et isolez-la. Testez différentes techniques, jusqu'à trouver celle qui fonctionne.

Méditer

Si la méditation reste rattachée à un certain mysticisme, la communauté militaire a aussi découvert son potentiel et l'utilise pour modeler de parfaits guerriers. Vers le milieu des années 1980, des expériences de méditation furent menées sur des soldats des forces spéciales américaines, sous la supervision d'un vétéran du Vietnam, le psychologue Richard Strozzi-Heckler. Ce dernier mit au point un programme d'entraînement mental, intégrant une séance de méditation quotidienne aux effets apparemment des plus bénéfiques. Ces soldats montrèrent de réels progrès, non seulement dans la mise en place de mécanismes d'adaptation lorsqu'ils étaient soumis au stress, mais aussi sur le plan cognitif et sensoriel.

Au sein de l'armée, ces études sur les bienfaits de la méditation piétinèrent lors des décennies suivantes, jusqu'à un récent regain d'intérêt. En 2013, le corps des Marines s'intéressa aux résultats d'un programme pilote sur les effets de la méditation de « pleine conscience » sur les soldats, pour améliorer la performance au combat et réduire l'incidence des troubles de stress post-traumatique.

Des recherches scientifiques sur la méditation ont montré de nombreux bienfaits, notamment :

- Meilleur contrôle du stress et de l'équilibre émotionnel
- Amélioration de la mémoire et du raisonnement
- Renforcement du système immunitaire

Gestion du stress

Le stress conduit les hormones à envahir le système nerveux. Les symptômes physiques se traduisent par une accélération du rythme cardiaque, une respiration rapide et haletante. Réagissez dès la manifestation de ces troubles par l'adoption d'une nouvelle posture et la gestion de votre voix intérieure.

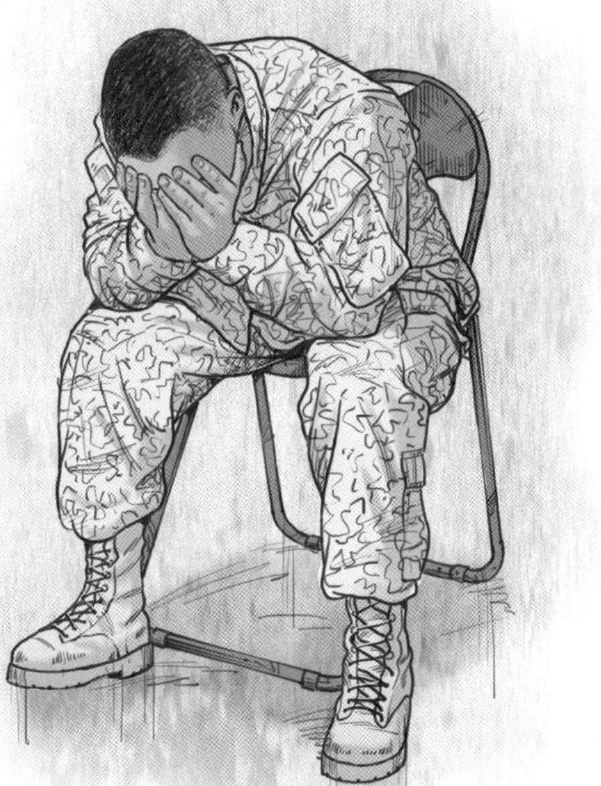

Méditer

Il a été prouvé depuis longtemps que le fait de se concentrer sur sa respiration, un mot ou un mantra à sa convenance, participe à l'éclaircissement des idées après une situation de stress et permet de conserver un meilleur contrôle de soi lors d'épreuves sportives majeures.

- Meilleure digestion (dont soulagement du syndrôme de l'intestin irritable)
- Amélioration de la fertilité
- Baisse de la tension artérielle
- Réduction de l'incidence de l'arthrose et d'autres maladies inflammatoires

Pour un athlète, ces seuls bienfaits suffisent à convaincre de l'intérêt de la méditation. Si les sportifs sont passionnés par leur discipline, ils n'en subissent pas moins la pression de la compétition et les douleurs, auxquelles s'ajoutent parfois les soucis du quotidien. L'anxiété ressentie au début d'une épreuve influera sur la force musculaire, la souplesse et l'endurance. Dans ce cas précis, la méditation peut aider. De récentes études menées auprès des Navy Seals, des Rangers et d'autres forces spéciales ont montré que la méditation autorisait une plus grande activité du cortex préfrontal, ce qui permet à l'individu d'affronter avec plus de calme un événement stressant, mais aussi une moindre activité au niveau des amygdales, au cœur de la réponse combat/fuite du cerveau.

Méditation de pleine conscience

La méditation de pleine conscience est simple à mettre en œuvre, mais exige de la discipline. Trouvez un lieu où vous ne serez pas dérangé, puis asseyez-vous ou allongez-vous confortablement, et fermez les yeux. Concentrez ensuite votre attention sur votre respiration. Inspirez profondément par le nez, puis expirez par la bouche. Imaginez que vous « observez » votre respiration, avec ses moindres bruits, et le soulèvement et l'abaissement de votre poitrine. À chaque expiration, relâchez consciemment vos muscles, en les imaginant comme une masse de beurre en train de fondre sous un soleil doux. Vous pouvez choisir de vous concentrer sur autre chose, comme la vocalisation du son « om » ou un mantra fait d'un simple mot apaisant, répété mentalement et calmement. Quoi que vous choisissiez, vous devez trouver quelque chose d'apaisant par sa régularité et sur lequel concentrer votre esprit.

Vous constaterez que votre cerveau cherche à s'imposer. Des images et des pensées se pressent en masse pour combler le vide, et parmi elles vos anxiétés, vos frustrations et vos peurs. La façon de réagir est alors déterminante. Ne vous laissez pas happer par vos pensées, mais observez-les sans émotion particulière et laissez-les passer. Concentrez-vous à nouveau sur votre respiration. Ce procédé entraîne l'esprit à répondre de façon calme et réfléchie à vos sources de stress.

Si vous n'avez jamais médité, vous serez surpris de constater à quel point c'est difficile. Après quelques minutes, vous lutterez peut-être pour rester concentré sur votre respiration, et vous laisserez distraire par vos soucis,

Conseil utile

La véritable force mentale est de savoir admettre lorsqu'on a besoin d'aide. Si les solutions présentées dans ce chapitre ne vous sont d'aucun secours, essayez de parler de vos problèmes à un ami, à votre médecin ou à un spécialiste.

tout en éprouvant une certaine agitation intérieure. Insistez et développez votre capacité méditative, pour la porter à 15 minutes au moins. C'est alors que vous ressentirez les bienfaits décrits plus haut, et ce pour le restant de votre vie.

En méditant régulièrement avant une épreuve ou durant une période d'entraînement intense, vous serez plus à même d'affronter la pression, plus indulgent envers vous-même, et physiquement plus détendu lors de votre entraînement.

Contrôler ce qui peut l'être

Les états émotionnels sont fluctuants et imprévisibles. Vouloir les contrôler par la seule force de notre volonté peut être frustrant. Mais les athlètes disposent de voies plus directes pour modifier leurs états mentaux, issues de récentes recherches en matière de psychologie.

Pour contrôler un état mental, Richard Wiseman, professeur à la Public Understanding of Psychology de l'université du Hertfordshire, au Royaume-Uni, préconise d'adopter le principe *« as if »*, ou principe du « faites comme si » qu'il décrit dans son ouvrage *Jetez-vous à l'eau ! Arrêtez de penser à changer votre vie, faites-le*. La recherche a montré que notre façon de nous comporter sur le plan physique influe bien plus sur nos émotions que notre façon de penser. Ainsi, plutôt que de laisser nos émotions modeler nos expressions physiques, inversons le processus. Lorsque vous êtes déprimé, vous adoptez des expressions physiques reflétant votre état : respiration courte, tête baissée, yeux dans le vague, sourcils froncés. Si vous forcez votre corps à adopter une autre posture, menton relevé, bras détendus et poitrine ouverte, respiration lente et profonde, visage souriant et détendu, vous vous sentirez moins déprimé. Votre corps envoie des signaux à votre cerveau quant à votre état mental. Conservez cette posture le temps nécessaire, même si vous ne ressentez aucune amélioration de votre état au début. Vous finirez par remodeler physiquement votre état mental.

Le principe du « faites comme si » a un immense intérêt en termes de conditionnement physique.

Entraînement cérébral

S'engager dans une activité de loisirs sollicite des zones sous-exploitées de votre cerveau, et aide à développer un sentiment de relaxation et de bien-être.

Adopter des expressions physiques traduisant la confiance en soi et la détermination vous aidera à ressentir en vous ces qualités. Vous pouvez appliquer ce principe à vos pensées. Ne laissez pas un langage négatif prendre le dessus, et exprimez vos pensées avec confiance et résolution.

Dissociation

Internet permet à de nombreux anciens membres des forces spéciales de livrer leurs expériences et leurs réflexions, mais aussi de se confier sur la façon dont ils sont parvenus à survivre au programme d'entraînement intensif. En étudiant leurs témoignages, on observe la récurrence d'une technique mentale que les psychologues appeleraient « dissociation ». Dans cet état mental, l'individu déconnecte ses émotions du monde extérieur, tout en accomplissant ses tâches du mieux possible. Ainsi, beaucoup d'anciens Navy Seals expliquent qu'ils ont survécu à leur « semaine en enfer » en adoptant un « mode neutre » sur le plan psychique, pour laisser leur corps accomplir de façon presque autonome différents défis physiques, alors que leurs émotions restaient en retrait. Ils reconnaissent que la douleur traversait bien leur corps, mais qu'ils ne laissaient pas de place à l'émotionnel dans cette situation.

La dissociation consiste à ériger un bloc de résilience. Dans cet état, vous vous regardez traverser l'enfer,

Trouble de stress post-traumatique

Une exposition prolongée au stress ou à des événements traumatisants n'est pas rare chez le personnel militaire. Entre 2000 et 2011, l'armée américaine a recensé plus de 2000 cas de troubles de stress post-traumatique au sein de ses effectifs.

mais l'observateur que vous êtes reste insensible à ce qu'il voit. Pratiquer les techniques de méditation présentées plus haut peut aussi aider à parfaire cette aptitude à la dissociation. Attention toutefois de ne pas pratiquer la dissociation face à des problèmes sérieux, au point de vous couper des réalités. Toute technique a pour objectif d'accroître la performance, et non de vous mettre en danger.

Détente

Ne négligez pas l'importance de la détente. Durant un programme d'entraînement éprouvant, accordez toujours le repos nécessaire à votre corps et à votre esprit, par les loisirs et la socialisation. Sortez, dansez, allez au cinéma, baladez-vous… Faites tout ce qui peut vous aider à vous évader. Passez du temps avec ceux que vous aimez et qui savent vous faire rire. L'humour est un grand mécanisme d'adaptation, et les instructeurs ne s'y trompent pas en surveillant de près l'usage de l'humour chez les recrues à l'entraînement. Celui qui ne sait pas faire preuve d'humour face à l'adversité peut saper le moral d'une unité, contrairement à celui qui trouve un côté amusant à chaque situation et qui influencera positivement tous ceux qui l'entourent.

Renforcement

En affrontant sans cesse des défis exigeant de l'endurance, vous finirez automatiquement par développer une résistance mentale à toute épreuve, indispensable pour poursuivre une activité sportive de haut niveau. Si vous ressentez le besoin de renforcer cette faculté de résistance, essayez la technique suivante. Durant 28 jours, ne vous plaignez jamais de rien à quiconque (vous pouvez bien sûr parler de la résolution de problèmes, mais de façon fonctionnelle). En d'autres termes, cessez de ronchonner. Dès que vous surprenez chez vous le début de toute manifestation négative, mettez-y un terme sans attendre. Cessez également de vous plaindre intérieurement. Ainsi, vous parviendrez à acquérir ou à renforcer votre résistance mentale, ce qui peut vous servir lors d'épreuve de conditionnement physique extrême.

Réalisme

Il convient toujours d'être réaliste au sujet de nos capacités. Par nature, les défis du conditionnement physique extrême sont éprouvants pour le corps, voire dangereux. Tous impliquent une préparation physique adaptée. Ne pensez surtout pas qu'il suffit de faire preuve de volonté pour réussir des exploits.

Militaires et entraîneurs sportifs ont souvent recours à cette expression : « La douleur, c'est de la faiblesse qui quitte le corps. » Cette expression a le don de m'agacer au plus haut point. J'en comprends le sens, mais il faut reconnaître que la douleur, sous certaines formes, est aussi un message justifié signalant que quelque chose ne va pas. Chaque année à travers le monde, des sportifs décèdent lors d'épreuves d'endurance, pour avoir voulu repousser leurs limites physiques, bien au-delà de leurs capacités.
Un triste et vain gâchis. Je pense qu'il faut effectivement pousser jusqu'à

Fierté et honneur

L'accomplissement d'un de ses objectifs peut être source d'une immense fierté. Lorsque vous parvenez à un objectif, renforcez ce sentiment d'accomplissement à travers un simple rituel de célébration.

Leadership

Être capable de garder le contrôle de soi et de prendre des décisions justes au sein du chaos et de la peur est une qualité digne d'un vrai chef militaire. Dans un cadre sportif, cette maîtrise de soi représentera probablement votre principal défi.

ses limites en exploitant tous les outils à notre disposition, mais il faut le faire en restant à l'écoute de notre corps. Ne vous entêtez pas à ignorer les signaux d'alerte. Le dernier chapitre évoque ce qu'il convient de surveiller. Et si les choses ne se passent pas comme prévu, souvenez-vous que « demain est un autre jour ».

Les défis de l'extrême sont des expériences très gratifiantes, mais rien ne mérite le sacrifice de votre santé à long terme. De plus, si vos attentes sont trop irréalistes et que vous ne parvenez pas à les atteindre, vous n'en retirerez qu'un sentiment accru de démotivation. Misez sur le long terme et laissez la réussite s'installer naturellement.

Double page suivante : quel que soit le défi, battez-vous.

Blessures

Les blessures jalonnent la vie des athlètes. Soudaine ou évolutive, une blessure peut interrompre un entraînement ou une course, parfois définitivement. Comme toujours, mieux vaut prévenir que guérir.

Les blessures qui surviennent en dehors du combat sont une menace qui pèse sur une unité et sa capacité à se mobiliser. Entraînement et opérations militaires sollicitent exagérément articulations, muscles, tendons, ligaments, cœur et poumons, ainsi que différents autres éléments musculo-squelettiques. Il arrive que le corps ne soit pas à la hauteur du défi et qu'une blessure survienne.

Le nombre de blessures, y compris durant un entraînement militaire, est significatif. Lors d'une étude menée parmi 716 hommes et 474 femmes durant un entraînement à Fort Jackson en Caroline du Sud en 2001, le nombre d'abandons (temporaires ou définitifs) pour cause de blessure fut de 102 chez les hommes et 108 chez les femmes. En général, au cours d'un entraînement basique, près d'une recrue sur six se blesse. Chez les forces spéciales, ce nombre est bien plus élevé. Sur une classe de 100 candidats, environ 30 abandonnent suite à une blessure. On comprend pourquoi les recherches sur la santé dans le monde militaire s'intéressent de près à la prévention et au traitement des blessures.

Le monde sportif civil est confronté aux mêmes problèmes, qui peuvent

Page ci-contre : toute rééducation exige de la patience et le suivi d'un programme strict de convalescence.

Tennis-elbow

Lié à la fatigue et à une trop grande sollicitation des muscles et des tendons du coude, le *tennis-elbow* (ou épicondylite latérale du coude) entraîne douleur et raideur. Des compresses froides, des anti-inflammatoires et du repos restent la meilleure méthode de récupération.

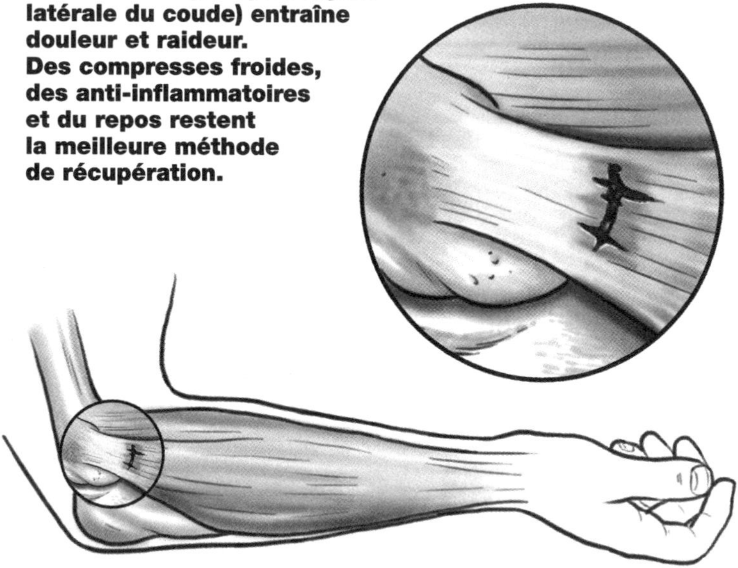

d'ailleurs se manifester dès le plus jeune âge. Aux États-Unis, chez les athlètes universitaires, on compte chaque année 2 millions de blessures et 500 000 consultations médicales. Près de 70 % des athlètes adultes sont un jour ou l'autre concernés par une blessure, et ce pourcentage est aussi élevé dans tous les sports.

Bien sûr, certaines blessures sont plus sérieuses que d'autres. Des ampoules cicatrisent en quelques jours (à moins de s'infecter pour une raison quelconque), mais une grave entorse à la cheville peut interrompre brutalement un entraînement, souvent durant plusieurs semaines. Une blessure au genou ou au dos peut en revanche mettre un terme définitif à la pratique d'une discipline.

Prévention des blessures

Ce chapitre n'a rien d'un guide médical. Tout problème exige un traitement adapté, administré par un professionnel de santé. Cet ouvrage peut suggérer un diagnostic, mais ne saurait se substituer à la consultation d'un médecin ou d'un spécialiste. Ce chapitre s'intéresse avant tout aux aspects pratiques de la prévention des blessures et aux principes généraux de traitement des blessures bénignes. Les conseils prodigués doivent être complétés par l'avis d'un professionnel de santé qualifié.

Prévention

Que vous l'acceptiez ou non, votre corps à ses limites. Il est sujet à l'usure et aux effets du vieillissement. Si ce livre admet que le corps puisse être perfectionné au point de se transformer en un système doué de performances athlétiques, nous devons aussi travailler en tenant compte de ses limites pour éviter de sérieuses blessures.

Une mise en garde concernant le surentraînement s'impose. Rien n'est plus tentant que de forcer trop et trop longtemps, mais le corps a besoin de s'arrêter régulièrement. Durant les périodes de repos, le corps met en œuvre d'importantes fonctions réparatrices, l'aidant à se renforcer et à potentialiser les bienfaits des séances. Le repos permet aussi une coupure sur le plan mental, pour revenir plus affûté et concentré dans le programme. En vous interdisant tout repos, vous accumulerez les problèmes. L'*US Navy SEAL Physical Fitness Guide* liste les principales manifestations du surentraînement :

- *Baisse des performances et de la force musculaire*
- *Baisse des capacités à décider*
- *Burn-out ou effondrement*
- *Difficultés à se concentrer*
- *Fatigue chronique*
- *Colère et irritabilité*
- *Manque de motivation*
- *Douleurs musculaires*
- *Troubles de l'humeur*
- *Distraction accrue*
- *Humeur dépressive*
- *Sommeil difficile*
- *Modification de la fréquence cardiaque de repos, durant l'exercice et en récupération*
- *Plus grande vulnérabilité face au rhume et à d'autres affections*

– US Navy, *US Navy SEAL Physical Fitness Guide*, p. 216

Aucun test de laboratoire ne permet de diagnostiquer le surentraînement. Ses deux indicateurs majeurs sont

Page ci-contre : l'épuisement peut se manifester brutalement, notamment lorsqu'il est associé à une déshydratation.

la fréquence cardiaque de repos et l'humeur. Chez un athlète épuisé, la fréquence cardiaque le matin au lever présente une augmentation de 10 à 15 battements par minute, par rapport à sa fréquence cardiaque ordinaire. Avec les changements de caractère, c'est un indicateur fiable, montrant que le corps a désespérément besoin de repos. Lors de votre entraînement, surveillez votre fréquence cardiaque.

Fréquence cardiaque

La fréquence cardiaque moyenne d'un homme d'une trentaine d'années est de 71 à 75 battements par minute. Pour un athlète, cette fréquence peut chuter à 50 battements par minute, ou même moins.

Zones d'exercice

Battements par minute / Âge	20	25	30	35	40	45	50	55	65	70
100 %	200	195	190	185	180	175	170	165	155	150
VO2max (effort maximum)										
90 %	180	176	171	167	162	158	153	149	140	135
Anaérobie (entraînement intensif)										
80 %	160	156	152	148	144	140	136	132	124	120
Aérobie (entraînement cardio/endurance)										
70 %	140	137	133	130	126	123	119	116	109	105
Contrôle du poids (fitness/brûler les graisses)										
60 %	120	117	114	111	108	105	102	99	93	90
Activité modérée (entretien/échauffement)										
50 %	100	98	95	93	90	88	85	83	78	75

Contrôle de la fréquence cardiaque

Le cardiofréquencemètre permet de contrôler sa fréquence cardiaque à différents stades de son activité physique. Une fréquence maximale ne doit pas être prolongée en cours d'exercice.

Nous avons tous une fréquence cardiaque maximale, mais maintenir ce rythme n'est pas conseillé. La fréquence cardiaque maximale de chacun diffère selon l'âge et la condition physique. La formule de calcul consiste à retirer son âge de 220. Néanmoins, cette formule n'est pas très précise, et rien ne vaut un bilan de santé sportif pour faire le point. En général, il est capital de savoir que tout coureur qui commence à ressentir nausées, étourdissements ou douleurs dans la poitrine doit s'arrêter sans attendre, se reposer et prendre le temps de récupérer.

Dangers du surentraînement

Le surentraînement multiplie les risques de blessure car l'attention se relâche et les muscles s'affaiblissent. Heureusement, il est très simple de le prévenir et de le traiter. Commencez par quelques jours de repos, sans aucun exercice. Prévoyez au moins un jour de repos par semaine, avec deux jours d'entraînement léger entre des jours d'entraînement intensif. Si vous n'avez pas d'épreuve prévue, faites suivre un jour d'entraînement par un jour de repos, afin d'éviter le plus possible les risques de blessure. Mangez correctement les jours de repos, et veillez à vous hydrater assez. En cas de douleurs musculaires, faites une séance de massage auprès d'un professionnel du sport, suivie d'un bain chaud ou d'une séance de repos, jambes surélevées sur un canapé confortable. Le but est de retrouver de la fraîcheur physique et de refaire le plein d'énergie, avant de reprendre son programme.

Une autre façon de gérer le surentraînement consiste à pratiquer l'entraînement croisé. Passer d'une forme d'exercice à une autre sollicite des muscles différents, de différentes façons, ce qui permet de rompre avec les actions répétitives d'une seule et même discipline. Comme détaillé au chapitre 6, l'entraînement croisé introduit un peu plus de variété dans votre programme et de stimulation sur le plan mental, tout en vous maintenant psychologiquement frais.

Il faut toutefois insister sur un point. Si vous ressentez une douleur, une raideur ou une sensation de chaleur chronique, n'ignorez pas le message et ne poursuivez pas votre entraînement sans avoir consulté un médecin. Je connais de nombreux sportifs qui, pour avoir ignoré ces signaux d'alerte, ont vu leurs blessures s'aggraver. L'ultime recours, pourtant évitable, fut une chirurgie qui mit un terme à la poursuite de leur activité sportive. La morale de tout ceci est de surveiller son corps, sans chercher à jouer les héros si vous suspectez une blessure.

Blessures du coureur

La course à pied peut entraîner de nombreux problèmes physiques. Une bonne posture, des chaussures de qualité et des temps de récupération adaptés sont les clés de la prévention.

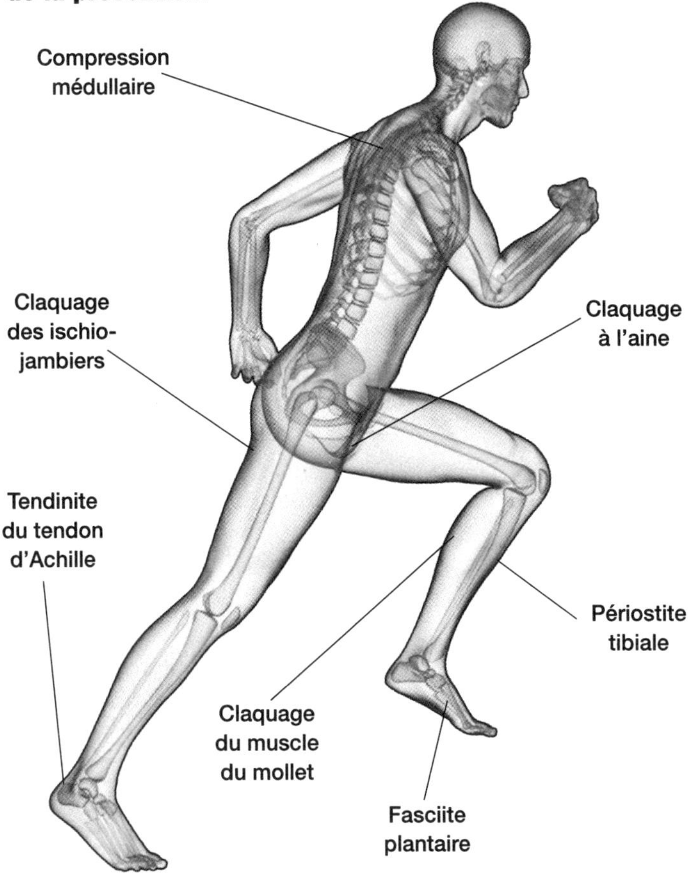

Blessures courantes

Les blessures courantes couvrent un large éventail de lésions. Certaines disciplines et techniques sont associées à des blessures types. En musculation par exemple, les cinq blessures les plus répandues sont :

- Claquage musculaire
- Blocage de l'épaule (résultant d'une inflammation des muscles de l'épaule)
- Hernie discale
- Entorse
- Contusion musculaire

Ces blessures résultent avant tout d'un stress trop important, qui se produit lorsque les muscles, les ligaments et différents autres éléments physiques sont soumis à une lourde pression. Dans la course à pied, la grande majorité des blessures sont représentées par des entorses répétées et variées au niveau des membres inférieurs. L'*US Navy SEAL Physical Fitness Guide* fournit une liste de ces blessures, basées sur celles constatées lors d'opérations et de programmes d'entraînement.

Cette liste est un vrai cauchemar pour le coureur passionnément engagé, mais dans sa carrière tout coureur sera un jour ou l'autre confronté à l'une de ces blessures. Les coureurs, comme tous les autres

Fasciite plantaire	Inflammation et raideur de la membrane fibreuse (fascia) de la plante du pied.
Tendinite du tendon d'Achille	Inflammation du tendon situé derrière la cheville, à son insertion dans le talon.
Syndrôme de la bandelette de Maissiat	Douleur au niveau du bord latéral externe du genou ou de la hanche.
Bursite	Inflammation ou irritation de bourses séreuses de la partie interne ou médiane du genou ou de l'arrière du talon.
Périostite tibiale	Douleur le long de l'aspect médian du tiers inférieur du tibia, se dissipant à l'échauffement. Appliquer des compresses froides après une course.
Douleurs musculaires du dos	Impact d'une charge sur la colonne.

– US Navy, *US Navy SEAL Physical Fitness Guide*, p. 214

Blessures du pied

Le pied abrite un réseau complexe de muscles, tendons et os. Les blessures vont de simples ampoules à de plus sévères entorses ou fractures. Échauffez vos pieds avec des mouvements de rotation doux.

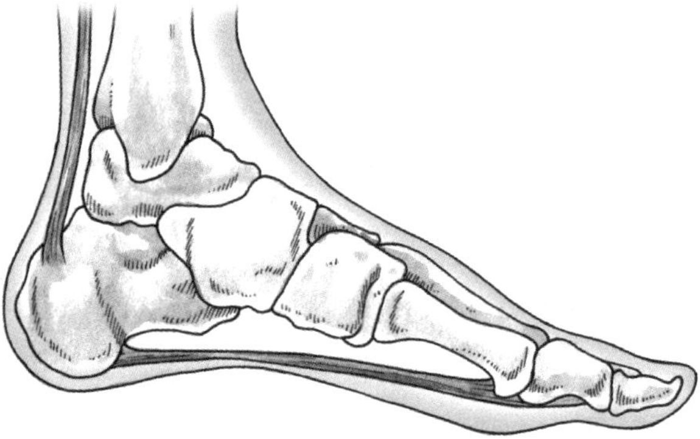

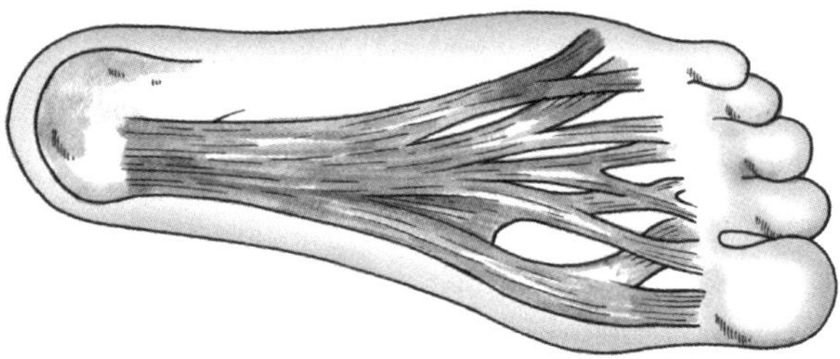

sportifs, doivent se familiariser avec les blessures propres à leur discipline, mais aussi aux stratégies de prévention. On trouve sur le marché d'excellents guides pratiques sur la prévention des blessures sportives, et quelques recherches sur la question peuvent faire toute la différence entre un entraînement à risque et un entraînement sûr.

Ampoules

Avant de s'intéresser à des blessures plus sérieuses, évoquons cette lésion bénigne, mais qui peut empoisonner la vie des athlètes : l'ampoule. Cette lésion résulte d'un frottement qui provoque une brûlure. Quand la peau souffre d'un frottement répété, elle réagit en produisant un fluide. Celui-ci s'amasse sous la peau et forme la bulle caractéristique de l'ampoule. L'ampoule n'est pas une lésion sérieuse, mais elle peut être atrocement douloureuse et ruiner une course quand elle apparaît sous une forme étendue et plus développée. Quand l'ampoule se perce et s'infecte, elle exige un traitement médical plus conséquent, d'où l'intérêt à traiter cette lésion sans attendre.

Chez les coureurs, les ampoules apparaissent souvent aux pieds, après des heures de frottement avec les chaussures de sport. Mais les ampoules peuvent aussi toucher les mains des cyclistes ou des grimpeurs, ou encore d'autres parties du corps soumises au frottement de la peau contre les vêtements. Voici quelques conseils pour prévenir les ampoules :

• Hydratez-vous les pieds. Plus le pied est sec, plus il est vulnérable aux frottements. Appliquez une crème hydratante chaque jour, et une crème lubrifiante adaptée avant les épreuves. La vaseline peut convenir, mais il existe des produits plus spécifiques.

• Chaussettes et chaussures doivent être parfaitement adaptées à vos pieds, sans serrer. Évitez les chaussettes trop lâches au niveau des orteils et du talon. Éventuellement, portez deux paires de chaussettes fines pour limiter le frottement avec la chaussure.

• Lors de certaines courses d'endurance, posez du ruban adhésif médical sur les zones vulnérables.

En cas d'ampoule de petite taille et discrète, contentez-vous de laisser cicatriser la lésion. Si l'ampoule est plus importante et gêne le mouvement, il est conseillé de la percer. Stérilisez une aiguille à l'alcool. (Évitez la stérilisation à la flamme nue, afin de ne pas contaminer l'ampoule avec des résidus de carbone.) Piquez l'aiguille à la base de la bulle de façon à libérer tout le liquide. Pressez sur l'ampoule à l'aide d'une compresse stérile, afin de la vider entièrement. Couvrez et protégez l'ampoule d'un pansement.

Entorse et claquage musculaire

Nous avons regroupé sous les termes « entorse » et « claquage musculaire » les blessures musculo-squelettiques qui se manifestent soudainement, comme les entorses à la cheville ou au genou. Les premiers traitements

9

Page ci-contre : pas question de faire du vélo sans un casque de qualité supérieure.

basiques détaillés ci-dessous sont à mettre en œuvre sans attendre, mais un avis médical reste indispensable.

Il existe différentes mesures pour prévenir les entorses et les claquages musculaires. En premier lieu, évitez les exercices trop intensifs lorsque vous êtes fatigué. La fatigue affaiblit le contrôle musculaire et joue sur le niveau de concentration, avec des risques de glissades ou de chutes en cours de course. Si votre entraînement vous conduit sur des terrains difficiles, notamment lors de courses nature, pensez à toujours regarder droit devant afin d'anticiper les dangers. Adoptez une foulée sûre et ralentissez suffisamment pour négocier les tronçons les plus exigeants de l'épreuve.

Pour prévenir les entorses, prévoyez un échauffement adapté mais aussi un bon équipement, notamment en matière de chaussures. Portez des chaussures adaptées et bien lacées, testées sur des surfaces peu

Navy Seals – traitement des crampes musculaires

Les crampes sont bénignes et surviennent suite à une activité prolongée, sous l'effet d'une forte chaleur ou de l'humidité, à la déshydratation et/ou à une mauvaise condition physique. Elles se caractérisent par une douleur subite, modérément sévère à incapacitante, au cœur du muscle, susceptible de se propager à d'autres muscles. Le premier traitement est une réhydratation immédiate, à l'aide d'un liquide contenant des électrolytes. Après le début de la réhydratation, le traitement se poursuit par l'application d'une pression sur le muscle, suivies d'un étirement immédiat, jusqu'à dissipation de la crampe. Le muscle du mollet, par exemple, devra être étiré en fléchissant le pied vers la tête, alors que le traitement d'une crampe à la cuisse se fera en fléchissant le genou et en remontant le pied vers les fesses.

Entorse de la cheville

Blessure courante lors de courses sur des terrains difficiles, l'entorse de la cheville se produit suite à la torsion ou à l'étirement d'un ligament au-delà de ses limites naturelles.

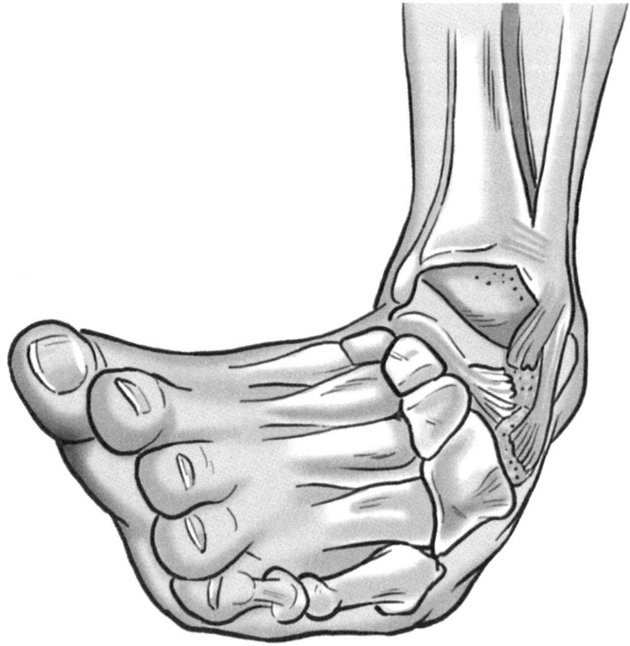

exigeantes, avant de les chausser pour relever des défis. Si vous avez déjà souffert d'entorse, votre articulation est probablement fragilisée. Aidé d'un kinésithérapeute qualifié, pratiquez des exercices de musculation progressifs et ciblés, et des exercices d'amplitude de mouvement afin de renforcer l'articulation. Si vous êtes en phase de convalescence, refaites travailler le membre lésé progressivement, mais arrêtez-vous au retour de la moindre sensation de douleur ou de faiblesse. D'une façon générale, n'ignorez aucune douleur ayant tendance à s'installer.

Déchirure ligamentaire

Une déchirure ligamentaire suite à une entorse peut endommager le cartilage et être source d'arthrose.

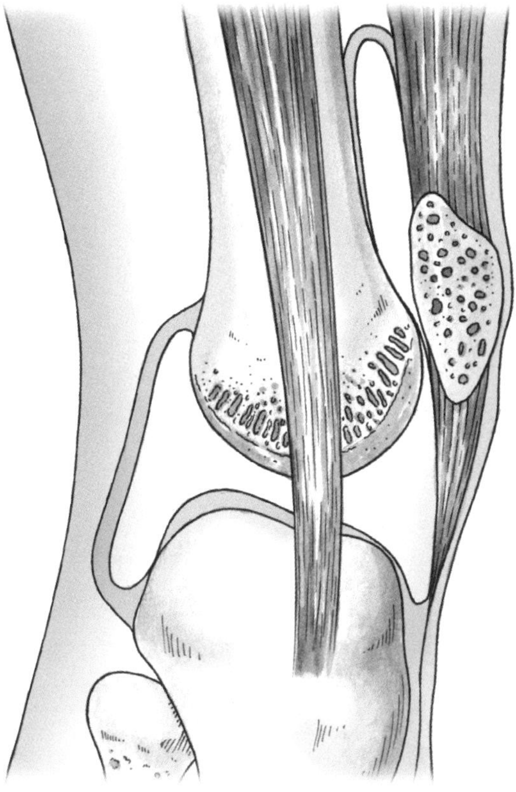

Pour avoir personnellement voulu courir, en dépit de douleurs lombaires, je me suis retrouvé au repos forcé à des kilomètres de chez moi, à devoir supporter un corset. Vous pouvez aussi protéger les articulations vulnérables avec un manchon de compression adapté ou un bandage

Kinésithérapie

La kinésithérapie peut soulager et prévenir les blessures. Veillez à choisir un kinésithérapeute professionnel, spécialisé dans le traitement des blessures sportives.

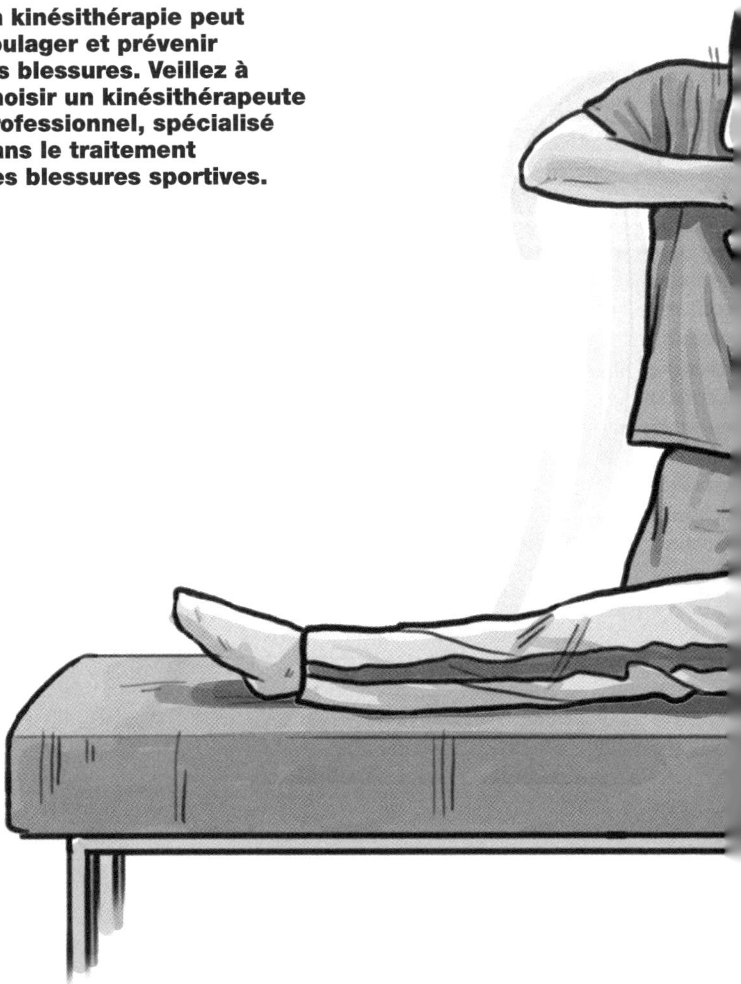

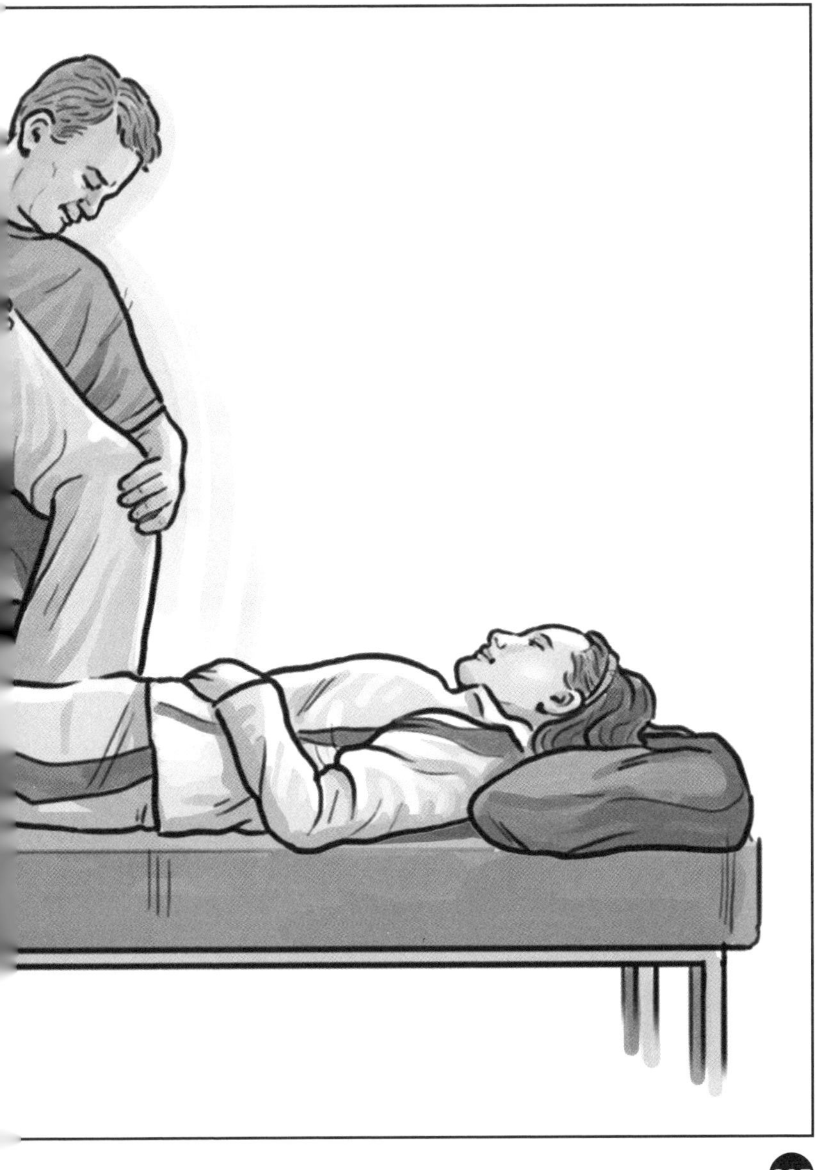

Manchons de compression

Un manchon de compression participe à prévenir l'aggravation d'une blessure, mais aussi à sa guérison. En cas de douleur tenace, consultez un professionnel de santé.

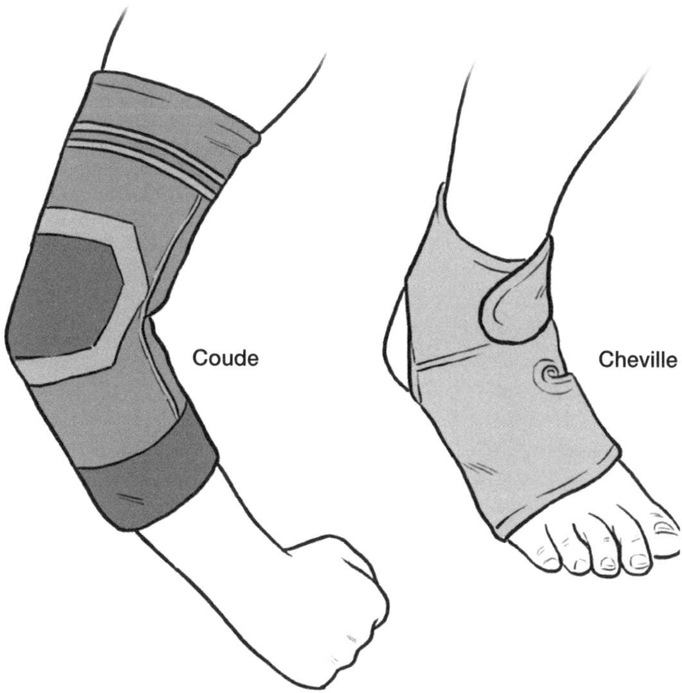

élastique. Le manchon ou le bandage ne doivent pas entraver l'amplitude de mouvement de l'articulation.

À l'évidence, la mesure la plus significative à mettre en œuvre pour prévenir entorses débilitantes et claquages musculaires est de maîtriser la technique du geste, quoi que vous fassiez. Adoptez une posture correcte, notamment au niveau de l'alignement

Navy Seals – blessures courantes en natation

Nage libre, papillon et dos crawlé exercent une tension importante au niveau de l'articulation de l'épaule. Utilisez la respiration bilatérale en nage libre et veillez à bien enrouler le mouvement en dos crawlé. Échauffez-vous avant de pratiquer la nage papillon. Cela permet de maintenir les épaules en position plus neutre et participe à prévenir l'apparition d'un syndrôme du conflit sous-acromial de l'épaule.

La nage libre avec battements des pieds et planche exerce un stress important sur les lombaires en raison d'une hyperextension. Le dos crawlé soulage ce stress. Un flotteur peut également aider à soulager en plaçant la colonne vertébrale dans une position plus neutre.

Nager avec des palmes peut aggraver une blessure au genou (notamment à la rotule) et finir par entraîner une affection dégénérative appelée syndrôme fémoro-patellaire, largement répandue chez les athlètes.

Les mouvements de la brasse participent à équilibrer l'articulation du genou en augmentant la tonicité musculaire de la partie intérieure des quadriceps, mais permettent aussi de contrebalancer les effets de la course, à savoir une augmentation de la tonicité musculaire de la partie extérieure des quadriceps. Mais la brasse peut aussi intensifier le syndrôme de la bandelette de Maissiat. Le nageur évitera de pratiquer la brasse en cas d'accentuation de la douleur au niveau du bord latéral externe du genou.

colonne vertébrale/nuque/tête, et surveillez toute manifestation de raideur ou tension qui se développe.

Une blessure du tissu musculo-squelettique entraîne une réaction immédiate qui vise à protéger la zone lésée. Un des principaux mécanismes est l'inflammation, accompagnée d'un gonflement, de rougeur, de contusion et d'expansion du tissu. Si le mécanisme de gonflement est destiné à assurer une protection, il devient problématique lorsqu'il se poursuit au-delà des limites acceptables. Un gonflement non contrôlé entraîne une congestion

Principe RGCÉ

Le principe RGCÉ est idéal pour traiter les blessures bénignes se traduisant par un gonflement. Évitez de faire supporter du poids à l'articulation du membre affecté en cours de convalescence.

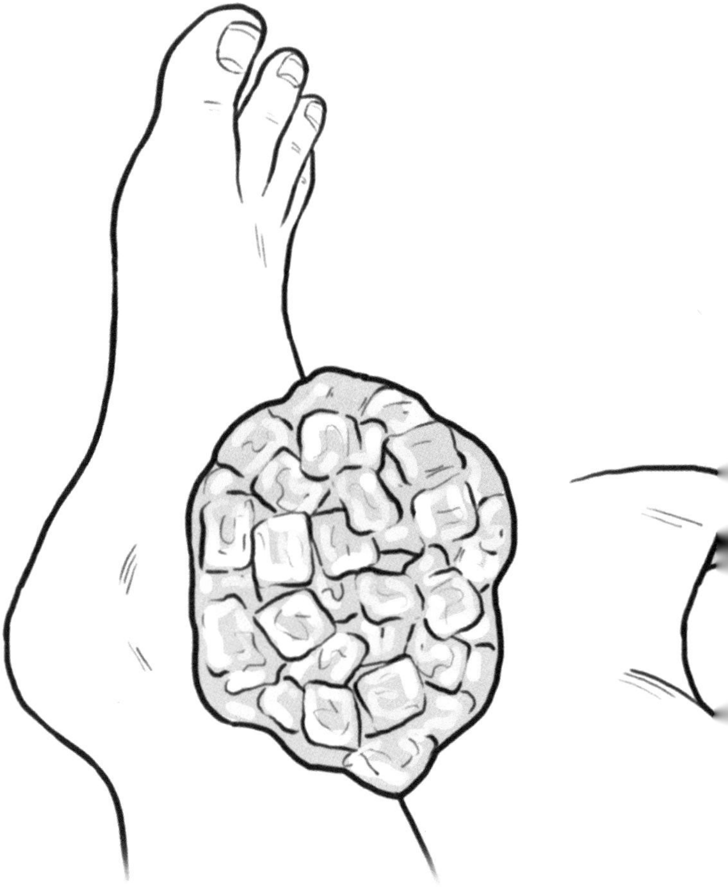

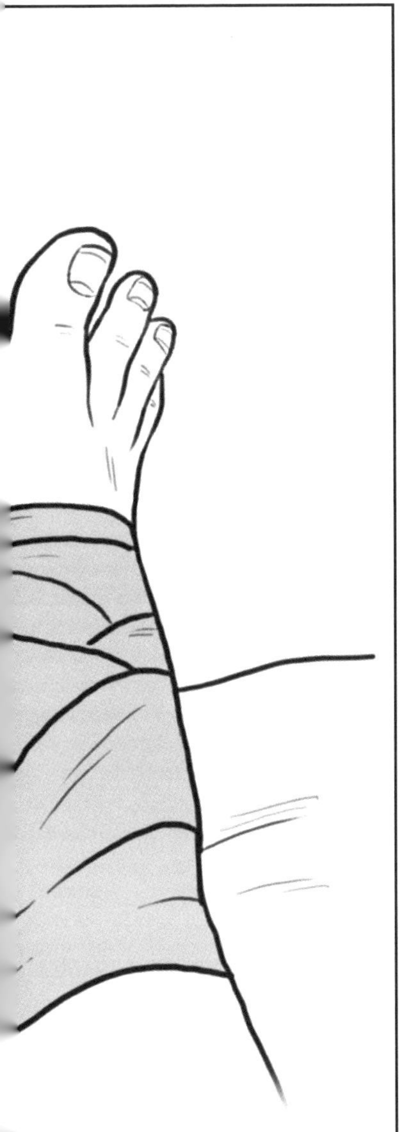

douloureuse du tissu. L'inflammation peut quant à elle réduire l'amplitude de mouvement si la blessure touche une articulation.

La priorité face à de telles blessures est de limiter la réaction inflammatoire par le biais d'une intervention externe. (Note importante : une entorse au niveau d'une articulation peut masquer une fracture. Face à toute entorse sévère, rendez-vous sans attendre aux urgences pour passer une radiographie, afin de déterminer la gravité de la lésion.) La seule méthode testée et approuvée pour le premier traitement de blessures de cette nature repose sur le principe RGCÉ :

- **R**epos
- **G**lace
- **C**ompression
- **É**lévation

Les Navy Seals détaillent les éléments du RGCÉ en ces termes :

> **REPOS** *Aucune mise en charge, ou alors partielle, aux extrémités. Des béquilles doivent être utilisées pour tout déplacement. Un repos relatif signifie réduire les activités sources de douleur et les remplacer par des activités ne générant pas de douleur.*
> **GLACE** *Appliquer de la glace sur la zone lésée, jusqu'à*

la stabilisation du gonflement. [Important : ne pas appliquer de glace plus de 20 minutes sur la zone d'une articulation blessée, sous peine de favoriser le risque d'engelures.]
COMPRESSION *Appliquer un bandage compressif sur la zone lésée durant 2 à 4 heures. Ne jamais dormir avec un bandage compressif, à moins d'un avis médical contraire.*
ÉLÉVATION *Relever la zone lésée de façon à la positionner au-dessus du niveau du cœur, afin de réduire le gonflement et la congestion provoqués par la force de gravité.*
– US Navy, *US Navy SEAL Physical Fitness Guide*, p. 200-201

Le principe RGCÉ a pour objectif de limiter et de maîtriser le gonflement, en réduisant le mouvement de la partie lésée le plus possible. La rééducation de l'articulation blessée (sous surveillance médicale) se concentrera sur un retour doux et progressif à une amplitude de mouvement, par le biais d'exercices contrôlés. Les exercices d'amplitude de mouvement d'une cheville blessée incluent :
L'alphabet – pied ballant, utilisez votre gros orteil pour « tracer » dans l'air les lettres de l'alphabet, en gardant le tibia en position statique. Tracez des lettres aussi grandes que vous le permet votre articulation.
Tourner et pointer le pied – bougez la cheville de façon à pointer le pied vers le haut, le bas, l'extérieur et l'intérieur. Maintenez chaque position 15 secondes, avant de revenir en position neutre.
Traction avec serviette – glissez une serviette à l'avant du pied et exercez lentement une traction vers le haut, de façon à provoquer un mouvement de recul du pied. Gardez la jambe en position statique et tenez la position 15 secondes, avant de revenir à une position neutre.

La phase de convalescence peut s'accompagner de médicaments anti-inflammatoires. Certains, comme l'aspirine ou l'ibuprofène, sont délivrés sans ordonnance, mais ce n'est pas le cas des médicaments plus puissants. Les anti-inflammatoires peuvent accentuer d'autres pathologies, comme l'hypertension artérielle, d'où l'intérêt à demander un avis médical avant toute médication.

Le RGCÉ et les exercices d'amplitude de mouvement aident à rétablir le bon fonctionnement de la majorité des articulations victimes d'une entorse. Les signes d'un bon rétablissement sont le retour à une amplitude de mouvement sans manifestation douloureuse, la possibilité de supporter une charge et l'absence de toute faiblesse. En cas de problèmes persistants, un traitement plus invasif est parfois nécessaire, notamment la chirurgie.

Coup de chaleur

Les défis de l'extrême se déroulent parfois dans de redoutables conditions climatiques. Nous ne pouvons aborder ici toutes les situations d'urgence potentielles, mais l'une d'elles requiert une attention particulière : l'hyperthermie. En 2013, le décès de trois candidats lors d'épreuves de sélection des SAS est venu nous rappeler que de jeunes hommes en parfaite condition physique ne sont pas à l'abri de cette pathologie potentiellement mortelle, mais aussi que quiconque engagé dans une discipline de l'extrême doit pouvoir repérer les symptômes annonciateurs.

L'hypothermie, chute de la température corporelle, a été abordée au chapitre 4, dans le cadre des épreuves sportives en milieu aquatique. Hors de l'eau, la première menace pesant sur de nombreux sportifs reste l'hyperthermie, lorsque le corps produit plus de chaleur

Navy Seals – application de glace

Une blessure au niveau d'un tissu mou ou d'une articulation, à l'exception des blessures ouvertes, peut profiter de l'application immédiate de glace. Une application passive ou active. L'application passive consiste à prendre de la glace, glace pilée, neige fondue, poche de glace ou neige, et à l'appliquer sur la région lésée. L'application active consiste à prendre de la glace (après avoir mis de l'eau à geler dans un bol ou une poche) pour masser la région lésée. À domicile, un sachet de petits pois surgelés sera parfait pour une application passive, car il épousera parfaitement le renflement de la région lésée. Replacez le sachet au congélateur après 20 minutes d'application. Les réactions normales à l'application de glace se traduisent par une sensation de froid, de brûlure, de douleur, puis d'engourdissement de la région lésée. Cette évolution se déroule durant 7 à 10 minutes, à partir de l'application.

Coup de chaleur

Rafraîchir le corps est vital. Maintenez la victime au calme (un coup de chaleur peut entraîner confusion ou agressivité), puis mouillez les vêtements ou humidifiez la peau à l'aide d'eau fraîche.

qu'il n'en évacue, ce qui peut se révéler mortel. Les coureurs et autres sportifs de l'endurance sont particulièrement exposés à cette menace, notamment lorsque leur température corporelle s'élève sous l'effet d'un effort intense pratiqué sous une chaleur accablante. Ces effets, associés à une déshydratation, sont potentiellement mortels.

L'hyperthermie passe par deux phases : l'épuisement et le coup de chaleur. L'épuisement intervient lorsque la température corporelle

Repérer les symptômes de l'hyperthermie

Les symptômes incluent transpiration excessive, pupilles dilatées, peau sèche et brûlante. Il faut éviter à tout prix que la victime perde connaissance.

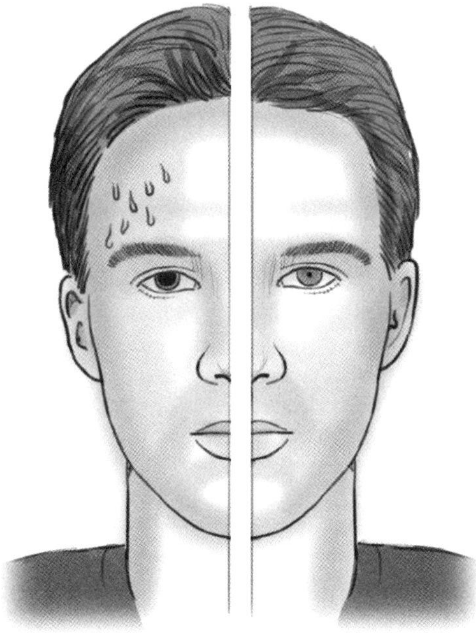

s'élève au-dessus de sa valeur normale, jusqu'à se situer entre 38 et 40 °C, en entraînant une chute des niveaux d'eau et de sel dans l'organisme. On compte parmi les symptômes annonciateurs : nausées, étourdissements, transpiration excessive et confusion. Dès qu'un de ces symptômes se manifeste, faites en sorte (seul ou avec l'aide d'une tierce personne) de rejoindre rapidement un endroit ombragé, de retirer le maximum de vêtements, de vous réhydrater en avalant

Un triage efficace

Le triage médical sert à évaluer la sévérité des blessures, déterminer le degré de priorité des traitements et évacuer des blessés. Face à un afflux de blessés, le triage permet de traiter sans attendre les cas les plus urgents.

régulièrement des gorgées de liquide (eau ou boisson sportive, en évitant l'alcool et la caféine), de vous rafraîchir en vous aspergeant régulièrement d'eau (le processus d'évaporation de l'eau sur la peau aide le corps à se rafraîchir). Vous devez répondre à ce traitement en 30 minutes. Sinon, il est probable qu'il s'agisse d'un sérieux coup de chaleur.

Dans ce cas, la température corporelle s'élève au-dessus de 40 °C, avec la manifestation des symptômes suivants :

- Peau brûlante et rouge
- Aggravation des vertiges et perte de connaissance
- Transpiration excessive cessant brutalement, peau sèche
- Fatigue oppressante
- Crampes musculaires
- Sensation de nausées ou réelles nausées
- Pouls rapide
- Confusion, avec hallucinations et perte de coordination
- Convulsions
- Besoin fréquent d'uriner et urine sombre

Un coup de chaleur non pris en charge peut conduire à une défaillance organique, au coma et à la mort. Il s'agit d'un cas d'urgence exigeant une hospitalisation rapide. Avant l'arrivée des secours, le traitement reprend largement celui indiqué pour

Prendre le pouls

La prise du pouls se fait sur l'artère radiale au creux du poignet ou de la carotide, au niveau du cou, d'un côté ou de l'autre de la trachée. Utilisez deux doigts en évitant d'utiliser le pouce.

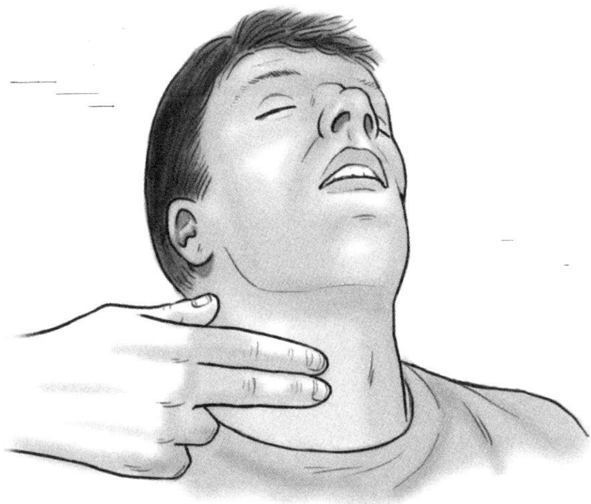

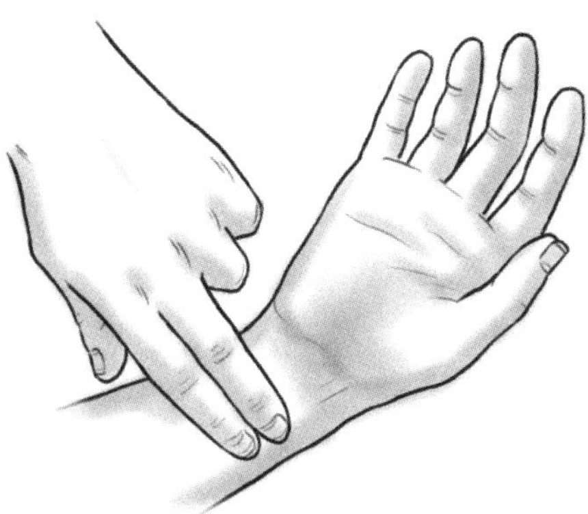

un épuisement sous l'effet de la chaleur, mais de façon plus soutenue. Humidifiez la peau en permanence, avec de l'eau fraîche (pas glacée) puis ventilez la peau. (Les membres des forces spéciales israéliennes emportent des brumisateurs, parfaits pour bien répartir l'eau sur la peau.) Il est aussi possible de procéder à des massages doux pour stimuler la circulation sanguine. N'administrez aucun médicament, et placez la victime en position latérale de sécurité.

Épuisement lié à la chaleur et coup de chaleur sont à prendre au sérieux. Lors d'une course d'endurance (notamment sous un climat chaud), surveillez les autres participants. L'important est d'enrayer dès que possible l'évolution d'un épuisement lié à la chaleur. Ne laissez pas les symptômes s'aggraver, au point de ne plus pouvoir les contrôler.

Pratiquer une discipline sportive expose à diverses blessures. Avec des soins et un temps de convalescence adaptés, la plupart de ces blessures se transforment en mauvais souvenirs et n'entravent pas la carrière de ces athlètes de l'extrême.

Forces armées américaines – hydratation

- Boire de l'eau fraîche (4,4 °C). Si l'eau reste la boisson à privilégier, jus, lait, soupe et autres breuvages peuvent aussi être consommés.
- Ne pas boire de café, thé ou boissons gazeuses. La caféine agit comme un diurétique et augmente les pertes hydriques par le biais des urines. Éviter l'alcool pour des raisons similaires.
- Boire un volume d'eau important une ou deux heures avant la pratique d'un exercice, afin de promouvoir l'hyperhydratation, et de disposer ainsi du temps nécessaire à une hydratation adaptée et à l'émission d'urines.
- En cours d'exercice, boire 85 à 170 ml de liquide toutes les 15 à 30 minutes.
- Compenser les pertes hydriques liées à la transpiration en contrôlant son poids avant et après l'exercice. Absorber l'équivalent de 500 ml de liquide par 450 g perdus.

US Navy SEALS, P

Glossaire

Adducteurs : muscles qui permettent l'adduction ou mouvement rapprochant les membres auxquels ils sont raccordées du reste du corps, comme les muscles de la face interne de la cuisse, des bras, des orteils ou des doigts (à l'inverse des muscles abducteurs qui servent à éloigner les membres du corps).

Adrénaline : l'adrénaline, ou épinéphrine, est une hormone libérée au cours de l'exercice physique, qui prépare les muscles à l'action.

Aérobie : exercice d'intensité moyenne et de longue durée, sollicitant et améliorant la consommation d'oxygène, comme la course.

Anaérobie : exercice de haute intensité et de courte durée, développant la force et la masse musculaire, comme la musculation. Il stimule la libération, puis la fermentation de l'acide lactique, pour transformer le glucose en énergie.

Cage à squat : équipement de musculation polyvalent doté de supports pour reposer la barre, afin de s'entraîner seul en toute sécurité à la pratique de squats.

Calisthenics : exercices conçus pour améliorer la souplesse et la force, en général pratiqués sans charges additionnelles, comme les pompes ou les fentes.

Calorie : unité de mesure de la valeur énergétique d'un aliment ou d'une boisson.

Développé couché : exercice de musculation effectué en position allongée sur un banc, pieds au sol, consistant à descendre une barre sur les pectoraux, puis à contracter les pectoraux pour remonter la barre à bout de bras.

Électrolytes : sels minéraux, incluant le sodium et le potassium, essentiels à l'organisme pour éviter la déshydratation.

Enroulement vertébral : l'enroulement vertébral au banc, ou relevé de buste, fait travailler les abdominaux en enroulant le haut du corps vers les genoux.

Entraînement en circuit : technique qui développe la force et l'endurance à travers la pratique en alternance d'une série d'exercices variés, permettant de récupérer au niveau d'un groupe musculaire alors qu'un autre est en action.

Entraînement en résistance/endurance : entraînement dont l'objectif est la prise de masse musculaire ou le développement de la force, à travers des exercices de musculation de courte durée, mais de grande intensité, obligeant le corps à s'adapter, et donc à obtenir une progression.

Fente avant : exercice d'étirement des quadriceps, des ischio-jambiers et des muscles glutéaux, consistant à faire reposer le poids du corps sur une jambe, avancée d'un pas et fléchie à angle droit au niveau du genou.

Fréquence cardiaque maximale (FCmax) : nombre de battements cardiaques par minute maximum au cours d'un exercice physique.

Haltères : accessoire de musculation se présentant sous la forme de disques de métal, de taille et de poids variables. On retire ou on ajoute des haltères pour la pratique de l'entraînement en résistance.

Hyperthermie: élévation de la température corporelle au-delà de la valeur normale, lorsque le corps accumule plus de chaleur qu'il n'en évacue. Il s'agit souvent d'un effet secondaire lié à l'épuisement suite à un effort intensif ou de longue durée par forte chaleur.

IMC (indice de masse corporelle) : pourcentage de graisse corporelle, masse musculaire, masse osseuse et organes qui constituent le poids total d'un individu.

Ligament : tissu conjonctif fibreux et élastique assurant la réunion des os et des cartilages au sein d'une articulation.

Méditation de pleine conscience : technique basée sur une présence attentive et non réactive aux émotions et aux pensées, visant à contrôler le stress et à évacuer l'anxiété, aux effets bénéfiques sur la santé psychique et physique.

Pompes : exercice de musculation avec le poids de corps, pour développer la structure de poussée du haut du corps. Les muscles travaillés sont les pectoraux, les triceps et les épaules.

Rythme métabolique : rythme selon lequel l'organisme brûle l'énergie fournie par les aliments ou la stocke.

Soulevé de terre : mouvement consistant à soulever une barre posée au sol à hauteur de taille, en fléchissant les genoux et en gardant le dos droit.

Squat : mouvement de musculation pour le travail des cuisses, consistant à s'accroupir et à se relever, avec une barre chargée posée derrière la nuque.

Tension artérielle : mesure la pression exercée par le flux sanguin dans les artères. Cette pression augmente et diminue en fonction de l'activité du cœur.

INDEX

Les numéros de pages *en italique* renvoient aux illustrations.

C

F